MARCO POLO

Reisen mit Insider Tipps

STEIERMARK

TSCHECHIEN

SLOWAKEI

DEUTSCH-
LAND   Wien

ÖSTERREICH

Steiermark   Graz

UNGARN

Klagenfurt

ITALIEN   SLOWENIEN

KROATIEN

W0193977

**MARCO POLO Autorin
Anita Ericson**

Auch wenn der Name anderes vermuten lässt, ist Anita Ericson eine waschechte Österreicherin, die die Steiermark bereits von Kindesbeinen an kennt. Seit einigen Jahren widmet sie sich auch beruflich ihrer Heimat, nachdem sie als Reisejournalistin ausgiebig die Welt erkundet hat. Dadurch weiß sie genau, was der Reisende wissen möchte, und gestaltet ihre Werke praktisch und erlebnisorientiert.

www.marcopolo.de/steiermark

Die besten Insider-Tipps → S. 4

INSIDER TIPP

Best of ... → S. 6

Graz → S. 32

Weinland → S. 46

SYMBOLE

 INSIDER TIPP Insider-Tipp

★   Highlight

● ● ● ●   Best of ...

☼   Schöne Aussicht

☺   Grün & fair: für ökologi-
sche oder faire Aspekte

(*)   kostenpflichtige
Telefonnummer

**PREISKATEGORIEN
HOTELS**

€€€ über 130 Euro

€€   80 – 130 Euro

€   bis 80 Euro

Die Preise gelten pro Nacht
für zwei Personen im Doppel-
zimmer mit Frühstück

**PREISKATEGORIEN
RESTAURANTS**

€€€ über 20 Euro

€€   10 – 20 Euro

€   bis 10 Euro

Die Preise gelten für ein
durchschnittliches Hauptge-
richt ohne Getränke

Titelthemen: Mit viel Weitblick zum Gipfel gelangen S. 90 | Hochprozentiger Genuss S. 54

INHALT

Thermenregion → S. 58

Mur- & Mürztal → S. 70

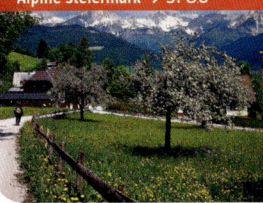
Alpine Steiermark → S. 80

Reiseatlas → S. 116

GUT ZU WISSEN

KARTEN IM BAND
(118 A1) Seitenzahlen und Koordinaten verweisen auf den Reiseatlas
(0) Ort/Adresse liegt außerhalb des Kartenausschnitts
Es sind auch die Objekte mit Koordinaten versehen, die nicht im Reiseatlas stehen
(U A1) Koordinaten für die Karte von Graz im hinteren Umschlag

UMSCHLAG HINTEN:
FALTKARTE ZUM HERAUSNEHMEN →

FALTKARTE 🗺
(🗺 **A–B 2–3**) verweist auf die herausnehmbare Faltkarte
(🗺 **a–b 2–3**) verweist auf die Zusatzkarte auf der Faltkarte

Die besten MARCO POLO Insider-Tipps

Von allen Insider-Tipps finden Sie hier die 15 besten

INSIDER TIPP ▶ Überraschende Einblicke

Lauschig, romantisch und verschwiegen: Viele Innenhöfe der Grazer Altstadt laden zum Entdecken und Verweilen ein → S. 36

INSIDER TIPP ▶ Kosmischer Wein

Auf dem Weingut Muster werden die Weine konsequent nach biodynamischen Richtlinien und kosmischen Rhythmen produziert. Das Ergebnis begeistert → S. 94

INSIDER TIPP ▶ Steirischer Humor

Lachen Sie mit: Auf der Kleinkunstbühne Hin & Wider im Theatercafé Graz wird feinstes Kabarett aufgeführt. Auch Größen wie Alfred Dorfer oder Josef Hader schauen hier vorbei → S. 42

INSIDER TIPP ▶ 45 harte Sachen

Geübt in der Kunst des Mälzens und Destillierens: Die Whiskydestillerie Weutz im Sausal ist ein Geheimtipp in der Südsteiermark. Verkauft werden auch Wodkas und Edelbrände aus eigener Herstellung → S. 54

INSIDER TIPP ▶ Baden im Kürbiskernöl

Traditionell Steirische Medizin ist das Geheimnis der Heiltherme in Bad Waltersdorf. Moorerde, Heublumen und Kürbiskernöl zählen zu den Ingredenzien der Anwendungen, bei denen Naturheilkunde mit Wellness verbunden wird → S. 65

INSIDER TIPP ▶ An die Wand gepinselt

Im Hartberger Karner finden Sie Reste romanischer Fresken und neuere Wandbilder von der vorletzten Jahrhundertwende → S. 67

INSIDER TIPP ▶ Von der Alm auf den Teller

Im Almenland leben 4000 Ochsen unter freiem Himmel: Zarter kann Rindfleisch nicht sein → S. 68

INSIDER TIPP ▶ Baden auf der Alm

Das erfrischende Bad im überraschend warmen Sackwiesensee bei der Häuslalm am Hochschwab will wohlverdient sein – wer hier baden möchte, muss erst einmal zu Fuß kommen → S. 97

INSIDER TIPP Steirische Tapas

Schweinezunge in Kräutergelee oder Bachkrebsschwänze mit Vogerlsalat stellt man Ihnen im Restaurant Der Steirer in Graz zu kleinen Häppchen zusammen. Eine steirische Tapas-Variante, die hervorragend zum Wein passt → S. 39

INSIDER TIPP Die Magie des Sinnlosen

23 Jahre lang schraubte der Bauer Franz Gsellmann an seiner Weltmaschine herum. Er hoffte auf Inspiration, was das Ding denn können solle – letztendlich war er damit zufrieden, dass sie bloß blinkt, schnaubt, stampft und pfaucht → S. 65

INSIDER TIPP Berghütte ohne Muskelkater

„Die Zeit einfach vergessen", das ist das Motto der Blaa-Alm im Ausseerland. Mit Bus oder Auto geht es hinauf zur rustikalen Hütte mitten in der Natur. Einmal in der Woche spielt die Hüttenmusi, sonst ist einfach Ruhe → S. 83

INSIDER TIPP Alpenländisch aufgebrezelt

Ein wunderbares Trachtenschmuckstück aus dem Ausseerland passt zu jeder Garderobe → S. 84

INSIDER TIPP Im Stil der Äbte

Übernachten im schönen Barockschloss Röthelstein: Die einstige Sommerresidenz kirchlicher Würdenträger liegt idyllisch auf einem Berg und wurde umfassend renoviert (Foto li.) → S. 88

INSIDER TIPP Mühelos durchs Gebirge

Fahren Sie hoch auf die Tauplitz-Alm auf 1600 m und erleben Sie Hochgebirgsfeeling, ohne sich allzu sehr anzustrengen: Hier wandern Sie auf den vergleichsweise ebenen Wegen des Almgebiets von einem See zum nächsten → S. 84

INSIDER TIPP Gehaltvolles Frühstück

Samstagvormittags trifft sich die Grazer Szene am Bauernmarkt auf ein Glaserl Wein und kleine Snacks (Foto u.) → S. 40

BEST OF ...

TOLLE ORTE ZUM NULLTARIF
Neues entdecken und den Geldbeutel schonen

● **Umsonst und draußen: Sommerfestival in Graz**
Aufsteirern: Zu diesem beliebten Festival treffen sich Artisten, Zauberer und Akrobaten aus aller Welt jedes Jahr im Sommer in Graz. Fast alle Veranstaltungen in den Straßen der Stadt können Sie kostenlos besuchen → S. 107

● **Gratis-Besuch bei den Lipizzanern von Piber**
Eine Besichtigung des Gestüts bei Piber kostet zwölf Euro. Doch wenn Sie den Lipizzanerhengsten bei einer ihrer liebsten Beschäftigungen, nämlich beim Grasen auf der Weide, zusehen möchten, dann können Sie das auch gratis erleben. Die Weiden liegen direkt beim Alten Almhaus (Foto) → S. 48

● **Ohne Eintritt: Baden im See**
Die klaren und kühlen *Seen im Ausseerland* sind in der Regel frei zum Baden zugänglich, selbst für die gepflegten Liegewiesen wird kein Eintritt verlangt. Wählen Sie sich ein Gewässer aus, das zu Ihrer Stimmung passt → S. 84

● **Geld sparen bei der Dachstein-Fahrt**
Die Berg- und Talfahrt mit der Dachstein Gletscherbahn kostet stolze 31 Euro. Mit der *Schladming-Dachstein-Sommercard* fahren Sie nicht nur auf den Dachstein gratis → S. 86

● **Statt Museum: Kostenlos ins Stahlwerk**
Für fast jedes Museum in der Region müssen Sie Eintritt bezahlen. Eine Ausnahme bildet das *Voest-Werk* in Leoben. Das Stahlwerk ist noch in Betrieb. Eine Führung kostet Sie keinen Cent → S. 74

● **Gratis-Einblick: Privatgärten öffnen ihre Türen**
Schön gepflegte und toll angelegte Gartenanlagen stehen oft in Privatbesitz oder sind nur gegen einen Eintritt zu besichtigen. In Pöllauberg haben gleich zehn Gärtner ihren Schaffensbereich dem interessierten Gartenfreund geöffnet, ohne dafür etwas zu verlangen → S. 68

●●●● Diese Punkte zeichnen in den folgenden Kapiteln die Best-of-Hinweise aus

TYPISCH STEIERMARK
Das erleben Sie nur hier

● *Urige Gemütlichkeit*
Eine Stube von anno dazumal, hausgemachte Knödel mit Zutaten aus der eigenen Biolandwirtschaft und selbst gebrannten Schnaps gibt es jeden Tag auf der *Knödlalm*. Donnerstags spielen dazu noch Volksmusiker → S. 83

● *Tracht and the City*
Das Tragen von Dirndl, Loden und Lederhosen ist eine Tradition, die in der Steiermark der Textilindustrie zum Trotz noch immer gepflegt wird. Ein Trachtentuch aus Seide ist ein Mitbringsel, das es z. B. beim *Heimatwerk Steiermark* in Graz gibt → S. 29

● *Wälder, so weit das Auge reicht*
Die Steiermark wird wegen ihres Waldreichtums auch die Grüne Mark genannt. In Roseggers Waldheimat sehen Sie, warum – und bekommen einen Einblick, weshalb ein Waldbauernleben gar nicht so idyllisch ist, wie man meint → S. 77

● *Landleben pur in Rassach*
Ein Dorf wie eine Filmkulisse: Das kleine *Rassach* mit seinen alten Bauernhäusern ist ein Ort, der aus der Zeit gefallen scheint. Hier vermarkten die Bauern ihre Erzeugnisse noch selbst und bieten die feinsten kulinarischen Produkte der Region an → S. 57

● *Feine Weine am Klöcher Traminerweg*
Der Süden der Steiermark steht für Wein. Am *Klöcher Traminerweg* komprimiert sich alles, was den Reiz des Weinlands ausmacht: sagenhafte Aussichten, sensationelle Weine und gemütliche Buschenschanken (Foto) → S. 62

● *Das schwarze Gold: Kürbiskernöl*
Wer noch nie Kürbiskernöl probiert hat, der war noch nicht in der Steiermark. Hier können Sie das „schwarze Gold" nicht nur kosten und kaufen, sondern im Herbst auch zuschauen, wie es gepresst wird – zum Beispiel in der *Ölmühle Herbersdorf* → S. 55

TYPISCH

BEST OF ...

SCHÖN, AUCH WENN ES REGNET
Aktivitäten, die Laune machen

● **Aus dem Glashaus schauen**

Bei nasskaltem Wetter im Dampfbad zu schwitzen ist ein Hochgenuss. Intensiviert wird das Erlebnis noch, wenn Sie barfuß beobachten, wie vor den Panoramascheiben der *Grimmingtherme* das Unwetter in den Bergen tobt → S. 84

● **Canyoning: nass von allen Seiten**

Nass wird man beim Canyoning so oder so. Ist es da nicht egal, ob es von oben auch noch regnet? Nein, ist es nicht. Es hat sogar seinen Reiz, wenn das Wasser aus allen Richtungen kommt. Zu erleben beispielsweise am *Erbsattel* (Foto) → S. 88

● **Wärmende Alpenwolle**

Allein der Gedanke an kuschelige Schafwolle wärmt. Wer solche Aufmunterung an einem Regentag gut gebrauchen kann, verbindet das mit einem Einkauf in der *Wollwelt Loden-Steiner*. In der Fabrik wird der Loden nach alter Tradition gewalkt → S. 89

● **In Ruhe ins Joanneum**

Manchmal sollte man für Regen dankbar sein: So ein Schlechtwettertag gibt genügend Zeit, um in Muße die sensationelle naturkundliche Sammlung des *Joanneums* zu durchstreifen → S. 36

● **Zotter: die Welt der Schokolade**

Bei einem Besuch der *Schokladenmanufaktur Zotter* rückt der Regen vor dem Fenster mit jeder süßen Kostprobe ein klein wenig weiter weg. Mehr als 100 Sorten entführen Sie in die Welt des Kakaos → S. 66

● **Österreichische Gemütlichkeit**

Der Regen prasselt an die Fenster? Dann bleiben Sie gemäß österreichischer Tradition im Kaffeehaus sitzen, so lange Sie möchten, und vertreiben Sie sich mit Leute schauen, Zeitschriften und Zeitungen die Zeit. Sehr gut geht das zum Beispiel in den *Aiola-Cafés* in Graz → S. 38, 39

ENTSPANNT ZURÜCKLEHNEN
Durchatmen, genießen und verwöhnen lassen

● *Auf großer Fahrt mit dem Heißluftballon*
Eine *Ballonfahrt übers Stubenberger Land* ist ein traumhaftes Erlebnis.
Sie entspannen im Korb und können die sanft hügelige Landschaft
beobachten, die unter Ihren Füßen lautlos hinweggleitet → **S. 69**

● *Baden im Hundertwasser-Flair in Bad Blumau*
Keine Ecken und Kanten, keine glatten Flächen und rechten Winkel
stören Ihren Gang. Das bunte *Rogner Bad Blumau* ist ein märchenhaf-
ter Platz für verträumte Stunden (Foto) → **S. 64**

● *Prinzessin für einen Tag auf Schloss Kapfenstein*
Wo der Adel vermietet, können Bürgerliche sich fürstlich verwöhnen lassen:
Im *Schloss Kapfenstein* werden Sie sich sicher wie zu Hause fühlen – umso
mehr, als sich die Schlossherrin reizend um ihre Gäste kümmert → **S. 62**

● *Bahnbummeln durchs Schilcherland*
Anstatt mit dem Auto die Idylle des Schilcherlands zu durchstreifen,
nehmen Sie im historischen *Stainzer Flascherlzug* Platz und lassen die
Landschaft völlig entspannt an sich vorüberziehen → **S. 55**

● *Überlandfahrt mit dem Traktor*
Entschleunigung für Motorenfans: Buchen Sie eine Tour mit dem
Oldtimer-Traktor und genießen Sie das Gefühl, es einmal nicht eilig
zu haben → **S. 56**

● *Ein Tag am See*
Liegewiese, Badeinsel, Sprungbrett: Der *Naturteich von Murau* hat
alles, was Mensch an einem Sommertag zum Glück braucht → **S. 79**

● *Sonnenaufgang auf dem
Dachstein*
Zugegeben, das frü-
he Aufstehen ist
mühsam. Doch dann lassen Sie
den Alltag hinter sich, wenn
Sie mit der *Gletscherbahn*
die steile Südwand des
Dachsteins hinaufschwe-
ben. Zum Sonnenaufgang
sind Sie auf der Terrasse
und können sich das Berg-
frühstück so richtig schme-
cken lassen → **S. 90**

AUFTAKT

ENTDECKEN SIE DIE STEIERMARK!

Nixenschwanzgrün strömt die Mur mit lautem Getöse durchs Tal. Auwälder und Sumpfpflanzen an ihren Ufern flirren im Sonnenlicht in hellen Pistazientönen. Leicht erhöht schließen sich hinter dem Ort Murau gut im Saft stehende, nach Kräutern duftende Wiesen an. Dahinter wird das Gelände steiler, türmt sich auf zu hohen Bergen, die im unteren Teil von dichten, dunklen Wäldern bewachsen sind. Die Landschaft spielt eine Symphonie in Grün. Egal, wo Sie zuerst steirischen Boden betreten, es sind die unzähligen Nuancen dieser einen Farbe, die Ihnen als Erstes ins Auge stechen werden. Vom kräftigen Smaragdgrün der Bergwälder bis zum hitzeverwöhnten Pastell der Ebenen reichen die Schattierungen. Die Steiermark wird auch Grüne Mark genannt. Denn Wälder bedecken 57 Prozent der Landesfläche und das Grünland – dazu zählen Wiesen, Weiden, Almen – weitere 18 Prozent. Die historische Landesfarbe Grün, die den Hintergrund des Wappens bildet aber auch viele Logos und Schriftzüge ziert, interpretiert man heute gerne als Symbol für Wald.

Bild: Blick von Ramsau auf den Dachstein

Wen es zum Aktivurlaub in die Berge zieht, den erwarten gleißende Gletscher am Dachstein, schroffe Felswände im Nationalpark Gesäuse oder eine wahre Heimatfilmkulisse im Ausseerland – um an dieser Stelle nur einige der spektakulärsten Fleckchen der Steiermark zu benennen. Das müssen Sie freilich hautnah erleben. Rauf auf die Berge – zu Fuß oder mit dem Rad –, die würzig duftenden Nadelwälder hinter sich lassen und schließlich jenseits der Baumgrenze zu wirklich umwerfenden Aussichten gelangen. Adler ziehen über Ihnen ihre Kreise, Gemsen und Murmeltiere stieben mit schrillen Pfiffen davon. Auf den Berg gehen, das ist auch das Freizeitvergnügen Nummer eins der Steirer, die das oft bis zum Extrem ausreizen: Felswände hochkraxeln, die selbst dem mutigsten Kletterer viel Schneid abverlangen, Waldstraßen zur nächsten Alm radeln, die einen Normalbürger schon

nach zwei Kurven aus der Puste kommen lassen, mit dem Bike beim Bergabfahren in rasendem Tempo über Stock und Stein donnern. Als Urlauber, der nur dem Büroalltag entfliehen möchte, kann man es natürlich auch gemütlicher angehen, mit Seilbahnen auf- und abfahren, entlang der Flüsse ohne allzu viel Anstrengung in die Pedale treten oder sich an einem heißen Tag auf der Liegewiese an einem See aufs Handtuch fläzen.

Generationen verdienten sich ihr täglich Brot als Bergarbeiter, Holzfäller und Bauern. Das hat geprägt: Noch heute sind die ländlichen Steirer bescheiden, erdverbunden, manchmal recht rau, aber herzlich. Da kann es passieren, dass Sie eine halbe Stunde nach Küchenschluss ausgehungert und müde ins Dorfgasthaus stolpern und die Wirtin Sie dennoch zu Tisch bittet, die Küche sei ja noch nicht kalt. Der dampfende Schweinsbraten ist schnell serviert, und nachdem nicht mehr viel los ist, setzt sich die Gastgeberin auf einen kurzen Plausch dazu.

80 000 v. Chr.
Die ersten Menschen besiedeln die Steiermark, wie Funde in der Repulusthöhle bei Peggau belegen

378
Beginn der Völkerwanderung, die Steiermark wird von Slawen besiedelt

1122
Markgraf Leopold aus dem Geschlecht der Traungauer leitet jene Entwicklungen ein, die zur Entstehung des Landes Steiermark führen

1192
Das Herzogtum Steiermark fällt an die Babenberger

1278
Das Babenberger Erbe fällt an das Haus Habsburg

Zwischen Bäumen und Bergen steht ein Kirchlein im Grünen – hier St. Marein bei Knittelfeld

Die Steiermark ist flächenmäßig das zweitgrößte aller österreichischen Bundesländer, doch gemessen an der Einwohnerzahl liegt sie nur auf Rang vier. Gerade einmal 1,2 Mio. Menschen leben verteilt auf rund 1400 km². Diese Fläche entspricht in etwa der Größe Schleswig-Holsteins, mit dem Unterschied, dass die Steiermark von deutlich weniger als der Hälfte an Einwohnern besiedelt ist.

Es erwarten Sie also weite Landstriche mit viel Raum für Entdeckungen. In den einsamsten Winkeln stehen Sie vor Stiften, die einem, wie in Admont, Vorau oder Pöllau, in ihrer barocken Pracht

Barocke Pracht und postmoderne Bauten

den Atem rauben. Postmoderne Kuben und Glasfassaden überraschen Sie an unerwarteten Stellen. Moderne Architekten haben ihre Handschrift an den Weingütern

1379
Graz wird Residenzstadt von Innerösterreich

16. Jh.
Alpinistische Erschließung der steirischen Bergwelt

1918
Nach dem Ende des Ersten Weltkrieges schließt sich die Untersteiermark an das Königreich Jugoslawien an

1968
Der Steirische Herbst wird ins Leben gerufen

1999
Die Unesco erklärt Graz zum Weltkulturerbe

2013
In Schladming findet die Alpine Ski-WM statt

der Spitzenwinzer im Süden sowie an den Badetempeln im Thermenland hinterlassen. Das Land teilt sich in zwei Lebensräume – die Bergregionen im Norden und die sanften Hügellandschaften im Süden und Osten. Die Flüsse Mur und Mürz, die aus West und Ost aufeinander zufließen, durchschneiden die Steiermark in ihrer Längsachse, bevor sie sich schließlich vereinen und gemeinsam Richtung Süden abdrehen. Im Norden liegen die Alpen, einen Höhenzug weiter südlich beginnt die Landschaft langsam, wellig auszurollen. Man bezeichnet die beiden Täler auch als Mur- und Mürzfurche, die mit ihren großen, vorwiegend Eisen verarbeitenden Industrien nach der Region Graz das zweite wirtschaftliche Standbein des Landes sind. Die kleinen Handwerksbetriebe, die über die Jahrhunderte hier Erz verarbeitet hatten, verschwanden mit der industriellen Revolution. Aus den Fabriken, die damals entstanden, haben sich nun moderne Hightechunternehmen entwickelt.

Berge im Norden, sanfte Landschaften im Süden und Osten

Mit Leoben, Kapfenberg, Bruck und Knittelfeld liegen in der Mur- und Mürzfurche auch die größten Städte der Steiermark. Mit Ausnahme von Graz. Keine einzige davon zählt mehr als 25 000 Einwohner, das Attribut City kann man also wirklich nur der Hauptstadt zuschreiben – im internationalen Vergleich indes ist Graz mit einer Viertelmillion Bewohnern von eher zwergenhaftem Ausmaß. Das stört aber kaum jemanden. Stolz trägt man den Titel Unesco-Weltkulturerbe und präsentiert sich gleichermaßen modern und zukunftsorientiert. Die alten Häuser haben zeitgemäße Nachbarn bekommen und die hiesige Avantgardekunst, deren jährlicher Höhepunkt der Steirische Herbst bildet, ist schon seit Jahrzehnten richtungsweisend. Ein reges Kulturleben für alle Schichten bieten Kleinkunstbühnen und -festivals, Schauspielhaus, Oper, freie Theater, Museen und Galerien. Zudem ist jeder fünfte Einwohner der Stadt Student. Und so hat auch das Nachtleben einiges zu bieten. Aber auch die alteingesessene Bourgeoisie behauptet ihren angestammten Platz: Trotz aller Trendyness sind bei vielen Grazern das Dirndl und die Lederhose noch immer die beste Wahl fürs feierliche Outfit.

Jede einzelne Region besitzt ihre ganz eigenen Highlights

Jede Region der Steiermark hat ihre eigenen Highlights: Im Weinland im Süden werden edle Tropfen gekeltert, die bis nach Amerika verkauft werden. Doch was gibt es Besseres, als einen guten Wein direkt bei seinem Erzeuger zu verkosten, auf einer sonnigen Terrasse, nachdem man mit dem Winzer durch seinen Keller gegangen ist und sich alles aus erster Hand hat erklären lassen? So schmeckt der Steirer Tropfen noch besser als in einer schicken Bar oder einem noblen Restaurant in der Ferne. Was dem Süden seine Weine, sind dem flacheren Osten des Landes die Thermen: eine Attraktion, die den Besuch lohnt. Gespeist von heilkräftigen Quellen aus der Tiefe, verwöhnen gleich neun Thermen ihr jeweiliges Publikum – von verliebten Paaren über Kurgäste bis hin zu Familien.

Ein Ort voller Geschichte: Seit 1681 krönt die Mariensäule den Hauptplatz von Pöllau

Die Quellen haben ihren Ursprung in der vulkanischen Vergangenheit des Landstrichs. Ebenso verhält es sich mit den fruchtbaren Böden, die hervorragende Ernten einbringen. Die wohl populärste Frucht ist der Kürbis, dessen Kerne zum kulinarischen Wahrzeichen der Steiermark verpresst werden: dem Steirischen Kürbiskernöl. Das dickflüssige Öl mit dem intensiven Nussaroma sollten Sie unbedingt probieren. Es eignet sich auch prima als originales Mitbringsel für die Daheimgebliebenen!

Wer besonders liebliche Landschaften zu schätzen weiß, wird sich in diesem Hügelland östlich von Graz wohlfühlen, das an Slowenien und an das schmale Burgenland grenzt, hinter dem Ungarn

Jeder findet hier sein Lieblingsplatzerl

beginnt. Die sanfte Landschaft mit dem milden Klima scheint einer Ansichtskarte der 1950er-Jahre entsprungen zu sein: Der Eiserne Vorhang machte sie für viele Jahrzehnte zu einer Sackgasse, was ihr dramatische Fehlentwicklungen erspart hat, und vielerorts sind die traditionellen Haus- und Hoflandschaften erhalten geblieben. Dieser Teil der Steiermark hat eine beruhigende Wirkung aufs Gemüt, seine Bewohner sind weniger kantig als in den Alpen. Man erfreut sich am Detail: Jeder ist versucht, den Gästen sein besonderes Lieblingsplatzerl in einem üppigen Klostergarten, unter einem alten Baum oder direkt in Weinhängen zu zeigen. Diese Ecke der Steiermark zeichnet sich besonders durch ihre Küche aus, die bei aller Gourmetreife bodenständig bleibt. Und das ist typisch für das ganze Land, denn bei aller Weltklasse: Steiermark und Steirer bleiben sich stets treu.

IM TREND

1 Geschmacksfusion

Essbar Kernöl trifft Jakobsmuschel. In der steirischen Gastronomie wird den heimischen Spezialitäten die Finesse verpasst: Gerhard Mandl kombiniert im *Schlosshotel Obermayerhofen (Neustift 1, Sebersdorf)* Topfennockerln mit Wiesenkräutern und Kürbiskernöl mit Schokoladenlasagne. Im *Kreuzwirt am Gut Pössnitzberg (Pössnitz 168a, Leutschach, Foto)* schmilzt Gerhard Fuchs Brie auf Spinat-Erdäpfeln und Trüffeln oder serviert Gänseleber zu Schwarzwurzeln.

2 Uriges Green

Gib Gummi Beim Bauerngolf steht der Spaß, nicht die Etikette im Vordergrund. Gespielt wird mit einem Gummistiefel als Wurfgeschoss. In St. Marein *(Reservierungen unter 06 64/9 90 73 05)* können Sie den Spaß auf 7 ha ausprobieren. Einen prominenten Freund hat der Sport mit Schokohersteller *Zotter*. Auf Josef Zotters Biobauernhof *Essbarer Tiergarten* in Riegersburg wurde ein Bauerngolfplatz angelegt. Gespielt wird auch auf traditionellen Biobauernfesten wie dem in Fürstenfeld Anfang Oktober. Weitere Informationen unter *www.bauerngolf.at (Foto)*.

3 Öffentlich

Kunst Den öffentlichen Raum gestalten Steiermarks Kreative. So schmückt unter anderem ein Knäuel aus Flugzeugen eine saftige Wiese bei Unterpremstätten *(Thalerhofstr. 85, Unterpremstätten, www.skulpturenpark.at, Foto)*. Raum für eigensinnige Kunst gibt es auch im Garten des *Forum Stadtpark (Stadtpark 1, Graz)*. Das Künstlernetzwerk *Sofa 23 (www.sofa23.net)* bringt immer wieder spannende Kunst auf den Weg. Die sieben *Sofa 23*-Mitglieder erschaffen Installationen, drehen aber auch Filme oder veranstalten Workshops.

Mit Pauke und Trompete

All that Jazz Einflüsse aus dem Balkan und Osteuropa prägen den Sound der Region. Steirische Harmonika, Blechbläser und Jazzelemente vereinen sich bei *Studio Dan (www.studiodan.at)* zu einem spannenden Klangkonstrukt – mal ist es Jazz, mal Kammermusik, dann wieder Rock. Die Band ist regelmäßig im Grazer *Theater am Ortweinplatz (Ortweinplatz 1)* zu sehen. Und auch im Untergeschoss des *Thomawirt (Leonhardstr. 40–42, Graz)* werden verschiedenste Musikeinflüsse miteinander vermischt. Der Fat Tuesday, der übrigens donnerstags (!) stattfindet, lockt Jazzliebhaber in das *Orpheum Extra (Defreggergasse 2, Graz).* Weitere Termine und Locations in Graz verrät Ihnen das *Jazzkartell* auf *www.grazjazz.at.*

Im Winterschlaf

Hotels Ein loderndes Feuer im Kamin, eine Bibliothek, heiße Schokolade aufs Zimmer – und draußen rieselt der Schnee? Steiermarks Hotels rüsten sich für den Winter und warten mit besonderen Winterschlafarrangements auf. So wie die mehr als 400 Jahre alte *Alte Gendarmerie (Markt 53, St. Gallen).* Hier betten sich Gäste auf Kräuterkissen während die Salzkristallleuchten Licht in den Winterabend bringen. Im *Weiberhof (Goldes 49, Grossklein, Foto)* können weibliche Gäste bis abends frühstücken, Wärmflaschen in den Betten sorgen für mollig warme Füße und weil das gesamte Hotel fernsehfrei ist, kommen die 250 Spiele des Hauses zum Einsatz. Aktive machen einen Ziegen-Spaziergang durch die Schneelandschaft. In den Selbstversorgerhütten *Präbichl (Alte Poststraße 3-12, Vordernberg)* kann man ebenfalls die kalte Jahreszeit aussitzen.

STICHWORTE

ÄPFEL

„Frisch, saftig, steirisch": Jedes Kind in Österreich kennt diesen Slogan, der sich auf den Apfel bezieht. Genauer gesagt auf das Kernobst aus dem Land um Stubenberg, dem größten Obstbaugebiet Österreichs, wo Produktion und Verarbeitung eine lange Tradition haben. *Malus pumila* und *malus sylvestris* – Zwergapfel und Holzapfel – sollen die Urahnen gewesen sein, aus denen alle heutigen Apfelsorten im Land entstanden sind. Die steirische Küche serviert sie phantasievoll, etwa als Apfelschaumsuppe oder im Mostbraten. Außerdem lässt sich der Apfel erwandern: Nach dem Vorbild von Weinstraßen bietet die Steiermark eine Apfelstraße, die Apfelbauern, Gasthöfe, Buschenschanken und sogar ein Apfel- museum miteinander verbindet. Informationen: *www.apfelstrasse.at*

ALTE HAUSTIERRASSEN

Mit dem Aufkommen der industriellen Viehzucht drohte vielen alten Haustierrassen das Aus – mit der Rückbesinnung auf unverfälschte Geschmackserlebnisse erfahren sie aber ein Comeback. So etwa das Sulmtaler Huhn, dessen Heimat die Streuobstwiesen, Weinhügel und Kastanienwälder der südlichen Steiermark sind. Schon im 14. Jh. wurde das Federvieh an Festtagen serviert, speziell der Kapaun krönte als besondere Delikatesse Europas kaiserliche Festtafeln. Das Huhn wird ausschließlich im Freiland gehalten, lebt sechsmal länger als andere Hühner und zeichnet sich durch ein be-

Von Äpfeln und traditionellen Pilgerwegen: Alte Meister und moderne Geister geben der Steiermark ihre ganz besondere Note

sonderes Aroma mit Biss aus. Auch das Turopolje-Schwein, das vom Wildschwein abstammt, hat Zeit, um sich auf den Weiden der Weststeiermark einen besonders aromatischen Speck anzufressen – und auch das Fleisch zeichnet sich durch höchste Qualität aus.

ARCHITEKTUR

Am Anfang stand die sogenannte Zeichensaalrevolution: Getragen vom Stimmungshoch der 1968er-Bewegung, engagierten sich Architekturstudenten der Grazer TU für visionäre Ideen von Städtebau und Lebensräumen. Experimentierfreudig sollte ihre Architektur sein, mit einem Willen zu neuen Formen. Es entstand die „Grazer Schule", ein Architekturstil von internationalem Renommee. Auch die jüngste steirische Architektengeneration beruft sich mit einer zurückhaltenden, schnörkellosen Formensprache auf die Grazer Schule. Beispiele dafür gibt es überall im Land, z. B. das Kunsthaus Graz, den Skywalk am Dachstein, das Schiestlhaus (Schutzhütte in hochalpiner Lage) oder das Weingut Sabathi, wo man sich weit von rustikaler Winzerseligkeit entfernt hat. Schöne Symbiosen finden sich von Alt und Neu finden sich in Stiften und Schlössern. Bei Steiermark Tourismus gibt es dazu einen eigenen Folder.

B EGRÜSSUNG

„Griaß Di", „Griaß Eich" oder „Servus" – so lautet der gängige Gruß, wenn sich zwei am Berg oder in der Hütte begegnen. In der Stadt ist ein herzliches „Grüß Gott" angebracht. Zum Abschied sagt man entweder „Auf Wiedersehen" oder ganz zwanglos „Tschau".

B IER

Gefeiert wird die Steiermark für ihre Weine. Dabei hat Bier hier eine ebenso lange Tradition. Schon im frühen Mittelalter begannen die ersten Klöster Bier zu brauen – für den Eigenbedarf der Mönche, aber auch für den Ausschank an Pilger, Wanderer und Bedürftige. Auch auf privaten Höfen wurde Bier gebraut, die Aufgabe fiel in den Zuständigkeitsbereich der Frau – ein Sudkessel war obligatorisch ein Teil der Mitgift. Heute gibt es rund 30 Brauereien in der Steiermark, die bekanntesten Marken sind Gösser, Puntigamer und Murauer. Aber auch Privat- und Wirtshausbrauereien stellen noch Bier her, was für teils unerwartete Geschmackserlebnisse sorgt. Hopfen wird in der Gegend um Leutschach angebaut.

B ODENSCHÄTZE

Die Steiermark ist reich an Bodenschätzen. Eine historisch bedeutende Stätte ist der Erzberg bei Leoben mit dem weltweit größten Sideritvorkommen. Aus Siderit – einem Eisenerz – werden Eisen und Stahl produziert, heute noch in großem Stil von der Firma Voest in Donawitz bei Leoben. Das Verfahren, nach dem 60 Prozent der Weltstahlproduktion hergestellt werden, heißt übrigens LD-Verfahren – benannt nach den österreichischen Produktionsstätten in Linz und Donawitz, wo es entwickelt wurde.

Eine jahrtausendealte Tradition hat der Salzabbau – nicht nur in der Steiermark, sondern auch in anderen Teilen Österreichs. Die letzten Salinen, aus denen heute noch gefördert wird, finden sich im steirischen Ausseerland, im nahe gelegenen Hallstatt sowie in Bad Ischl in Oberösterreich.

E RNEUERBARE ENERGIEN

Fossile Energieträger decken in Österreich zur Zeit noch mehr als 70 Prozent des Energiebedarfs. Die Steiermark hat es sich zum Ziel gesetzt, diesen bis 2025 auf 66 Prozent zu reduzieren und den Restbedarf aus einem möglichst hohen Anteil an erneuerbaren Energieträgern zu generieren. Dazu werden unter anderem Wasserkraftwerke saniert und ausgebaut oder Initiativen von Häuslbauern gefördert. Der Fokus aber liegt auf der Biomasse – also etwa Bäume, Holzabfälle, Grünschnitt oder Stroh –, die sich besonders gut lokal verwerten lässt. Darüber hinaus werden vom Land Fördergelder auch für Forschungen auf dem Gebiet der erneuerbaren Energien ausgeschüttet, was wiederum dem Standort Steiermark einen guten Ruf und sichere Arbeitsplätze beschert.

H ANDWERK

Mit der Meisterstraße hat man eine Plattform für altes Handwerk geschaffen und hofft so, einen Beitrag zu deren Renaissance zu leisten. In der Steiermark haben sich 50 Betriebe der Initiative angeschlossen, die in den vier Regionen

Ausseerland-Salzkammergut, Holzwelt Murau, Mariazellerland-Mürztal und Steirisches Vulkanland angesiedelt sind. Sie kommen aus den unterschiedlichsten Branchen: Schmiede und Schlosser, Hafner (Ofenbauer) und Zimmerer, solche aus dem kulinarischen Bereich und aus der Trachtenerzeugung. Mehr Infos unter *www.meisterstrasse.at.*

LENA HOSCHEK

Graz ist zwar nicht Mailand, aber zumindest eine Grazerin hat es mit ihren Kreationen auf die internationalen Laufstege gebracht. Die heimatverbundene Jungdesignerin, die den steirischen Wappen-Panther als Tattoo am Unterarm trägt, hatte mit ihrem bedingungslos femininen Stil einen kometenhaften Aufstieg im Modezirkus. Aufsehen erregte die Tatsache, dass sie keine Magermodels in ihre Kollektionen, die von Rock `n' Roll und Pin-up-Girls inspiriert

sind, steckt: Das Schöne an Hoscheks Mode ist deren Tragbarkeit. Daneben führt die Designerin aber auch eine eigene Dirndlkollektion, wobei sie sehr viel Wert auf Authentizität legt. Volkstümliche Elemente fließen stets auch in ihre aktuellen Kreationen ein – umgekehrt erlaubt sie sich manchmal beim Dirndl stoffliche Anleihen aus ihrer Fashion, wie etwa bei einem im Elvis-Look.

LEDERHOSE

Ein traditionelles Kleidungsstück, das vor allem im Ausseerland, aber auch in den anderen alpinen Regionen fest zum Alltag gehört. Es wird aus Hirsch- oder Gamsleder vom Säckler, das ist der Erzeuger der Lederbekleidung, von Hand gefertigt. Gefärbt wird das Leder in der Gerberei mit Naturfarben. Geläufig ist sowohl die kurze als auch die knielange Version. Je nach Budget des Auftraggebers wird die obli-

Sie ist ein Stück Steirer Lebenskultur: die handgefertigte Lederhose

gatorische Stickerei mehr oder weniger aufwendig gestaltet.

LITERATUR

Große Literaten haben in der Steiermark ihre Heimat: Barbara Frischmuth, Gerhard Roth, Peter Rosegger oder die in Mürzzuschlag geborene Elfriede Jelinek, die 2004 den Literaturnobelpreis erhielt. Als der Heimatdichter der Moderne gilt jedoch Reinhard P. Gruber, der mit seinem 1973 geschriebenen Buch „Aus dem Leben Hödlmosers" seinen größten Erfolg feierte – einem ironisch-sarkastischen Anti-Heimatroman, in dem er die Leute auf dem Land und ihre großen und kleinen Nöte ungeschönt beschreibt.

PILGERN

Das Gehen auf alten Pilgerwegen fasziniert immer mehr Menschen, wie der Ansturm auf den Jakobsweg eindrucksvoll beweist. Doch in der Steiermark ist das Pilgern nie richtig aus der Mode gekommen, und eine Wallfahrt nach Mariazell ist im ländlichen Raum nichts Ungewöhnliches. Gegangen wird dabei vorzugsweise auf dem Steirischen Mariazellerweg von Graz übers Almenland oder auf dem Mariazeller Gründerweg von St. Lambrecht im Bezirk Murau durch dichte Waldregionen. Die Motive für so einen Marsch sind längst nicht mehr nur religiöser Art, oft geht es auch um profanere Erlebnisse wie die Entschleunigung oder die Naturnähe. Natürlich kann man sagen, dass man sich beim Wandern ohnehin schon auf sich selbst besinnt – doch auf den Spuren von Pilgern zu gehen oder vielleicht selbst zum Pilger zu werden, steigert das innere Erlebnis noch. Infos: *www.steiermark.com/pilgerwege*

NATURSCHUTZGEBIETE

Eine der größten Ressourcen der Steiermark ist ihre weitgehend intakte

Von der Burgruine Klöch geht der Blick weit ins steirische Thermenland

Natur. Sie zu bewahren ist Aufgabe von Nationalparks und Naturparks. Sechs Nationalparks gibt es in ganz Österreich, der jüngste von ihnen liegt in der Steiermark: der 2002 begründete Nationalpark Gesäuse, wo die strengsten Auflagen des Naturschutzes gelten. Im Gegensatz dazu sollen Naturparks charakteristische Kulturlandschaften – wie Weideland oder Streuobstwiesen – bewahren. Sie sind für Besucher mit Wegen und Lehrpfaden erschlossen. Sieben der insgesamt 44 österreichischen Naturparks liegen in der Steiermark: das Almenland, das waldreiche Mürzer Oberland, das Pöllauer Tal mit seinen Äckern und Obstbaumreihen und das Südsteirische Weinland außerdem der wasserreiche Naturpark Eisenwurzen, der Naturpark Sölktäler mit seinen Hochalmen und das Gebiet Zirbitzkogel-Grebenzen mit seinen Teichen, Wiesen und Wäldern. Darüber hinaus sind 41 steirische Gebiete als Natura 2000 ausgewiesen: Dabei handelt es sich um ein länderübergreifendes Netz von Schutzgebieten, mit dem Ziel, den Lebensraum wild lebender Tiere und Pflanzen zu erhalten. Informationen: *www.naturschutz.at*, *www.naturpark.at*

ARNOLD SCHWARZENEGGER

Man nennt ihn auch die „Steirische Eiche": 1947 in Thal bei Graz geboren, schaffte Arnold Schwarzenegger als Bodybuilder den Sprung über den Großen Teich und wurde zum gefeierten Hollywoodstar („Terminator"), bevor er in die Politik ging. Von 2003 bis 2011 war er Gouverneur von Kalifornien. 1997 wurde ein Stadion in Graz nach ihm benannt. Als Schwarzenegger jedoch in Kalifornien das Gnadengesuch eines zum Tode Verurteilten ablehnte, wurde die Sportstätte (heute UPC-Arena) zurückbenannt.

WIRTSCHAFT

Viele Steirer arbeiten in der Industrie, die wichtigsten Zweige sind Maschinen- und Fahrzeugbau, Metallerzeugung und -verarbeitung sowie Elektronik und Elektrotechnik. An traditionellen Industriestandorten, etwa entlang der Flüsse Mur und Mürz, wird mittlerweile nicht mehr nur produziert, sondern auch erfolgreich geforscht. Nach wie vor eine große Rolle spielt die Land- und Forstwirtschaft. Tannen- und Mischwälder nehmen mit Abstand den größten Teil der Nutzfläche ein, gefolgt von Grünland – Wiesen, Weiden, Almen – und erst dann, weit abgeschlagen, kommen die Felder. Von rund 44 000 bäuerlichen Betrieben sind mehr als ein Drittel im Haupterwerb und – einer erfreulichen Entwicklung der letzten Jahrzehnte folgend – bereits zehn Prozent nach biologischen Richtlinien geführt.

ESSEN & TRINKEN

Gerne verzichten die Steirer auf neungängige Menüs mit hochgestochenen Namen, aber jeweils bloß drei Klecksen auf dem Teller. Da vergeht ihnen schnell der Hunger. Ein gut gefüllter Teller ist nämlich eine Grundvoraussetzung für ein gelungenes Mahl.

Kulinarisch schätzen es die Steirer ganz traditionell: Selbst die junge Generation zieht die heimischen Gerichte internationalem Fast Food oder der Fusionsküche vor. Die steirische Küche ist beeinflusst von der slowenischen und – in Teilen – von der italienischen Kochkunst und präsentiert sich variantenreich: Kräftige Suppen und Braten sowie süße Mehlspeisen stehen leichteren Spielarten wie knackigen Salaten oder zarten Fischen gegenüber.

In den letzten Jahren haben die Preise in der Gastronomie angezogen, begleitet von einem enormen Qualitätsschub. Besonders viel Wert wird heute im guten Restaurant auf beste regionale Zutaten gelegt. Fleisch aus Massentierhaltung ist ebenso verpönt wie Treibhausgemüse aus Holland. Weidelämmer, Schweine und Hendl kommen vom (Bio-)Bauern nebenan, Saibling und Forelle sind fangfrisch, das Wild stammt aus dem Nationalpark Gesäuse oder vom Hochschwab, das Rindfleisch aus dem Almenland – das Gute liegt so nah.

Bedingt durch ihre regionalen Wurzeln ist die steirische Küche gleichzeitig eine saisonale. Gemüse, Obst, Salate und Kräuter werden nach Jahreszeit auf den Tisch gebracht und nicht aus Übersee

Bild: Graz, Café auf der Insel in der Mur

Warum in die Ferne schweifen? Das Gute liegt so nah: Steirer mögen es gern traditionell – am liebsten wie aus Großmutters Küche

eingeflogen. Deshalb wird Rhabarber im April serviert, Spargel im Mai, Erdbeeren und *Erdäpfel* (Kartoffeln) im Juni, Brombeeren, Himbeeren und *Ribisel* (Johannisbeeren) im Juli, Pilze und *Eierschwammerl* (Pfifferlinge) sowie Pfirsiche im Hochsommer, Maroni im Herbst und Kürbis von Juli bis weit in den Winter hinein. Das ganze Jahr über gibt es grüne Salate und Bohnen. Auch hier haben die Steirer ihre Besonderheiten: In der Region um Graz wird der Grazer Krauthäuptel angebaut, der als knackfrischer Salat zwischen März und November geerntet wird, und in der Oststeiermark liegen die Felder für die Käferbohne (Feuerbohne), die man traditionellerweise im Salat serviert. Protagonist der steirischen Küche aber ist das Kürbiskernöl: Sein intensiv-nussiger Geschmack fehlt in keinem Salat und begleitet auch Vorspeisen, Suppen und Braten. Es harmoniert mit der Eierspeise (Rührei) genauso wie mit Frischkäse und ist dem Steirer mehr als bloße Würze – es ist Teil seiner Identität. Niemals würde es ihm einfallen, zu minderwertigen

SPEZIALITÄTEN

▶ **Almrauanggerl** – Teigstücke aus Mehl, Sauerrahm, Butter, Zucker und Zimt, in heißem Schmalz ausgebacken
▶ **Backhendl** – knusprig paniertes, zartes Hendl, vorzugsweise serviert mit *Vogerlsalat* (Feldsalat)
▶ **Brettljause** – Wurst, Schinken, Speck, Käse und verschiedene selbst gemachte Aufstriche, auf einem großen Brett serviert, dazu Bauernbrot und Butter
▶ **Fedlkoch** – traditionelle Süßspeise von den Almen, hergestellt aus Butter, Milch, Mehl und Grieß, im Ofen gebacken und nach dem Abkühlen gerieben
▶ **Kernöleierspeis** – mit Kernöl abgeschmecktes Rührei, serviert mit deftigem Bauernbrot
▶ **Klachelsuppe** – Suppe aus *Klacheln* (Schweinsfüße) und Gemüse, die mit Essig gesäuert und Rahm abgeschmeckt wird (Foto re.)

▶ **Steirerkas** – Sauermilchkäse aus dem Ennstal, kann kalt mit Brot gegessen oder zum Kochen verwendet werden
▶ **Steirischer Salat** – Blattsalat mit Bohnen, Paprika, Gurke und Champignons, gepökelter Zunge, Fleischwurst, Tomatenspalten und gekochtem Ei – verfeinert mit reichlich Kürbiskernöl
▶ **Sterz** – mit Schmalz in Wasser gekochter grober Maisgrieß, nach dem Kochen auseinandergerissen; als Frühstück oder gehaltvolle Beilage
▶ **Warmer Endiviensalat** – Endiviensalat, mit noch warmen Erdäpfeln serviert, angerichtet mit kross gebratenen Speckwürfeln und Kürbiskernöl
▶ **Wurzelfleisch** – mit Gemüse wie Karotten, Sellerie und Lauch gekochtes Schweinefleisch, serviert mit frisch geriebenem *Kren* (Meerrettich) und Salzkartoffeln (Foto li.)

Kernölen zu greifen. Daher wird auch im Gasthaus ausschließlich naturbelassenes Öl ohne chemische Zusätze kredenzt. Während in der Früh traditionell reichlich gegessen wird, fällt das Mittagessen – zwischen 12 und 14 Uhr – meist bescheiden aus. In den Lokalen gibt es einfache Menüs, die aus Suppe, Hauptspeise und Nachspeise bestehen. Alternativ greift man auch gerne zum schnell gemachten Salat – im Alltag fehlt die Zeit zum ausgiebigen Mahl. Anders ist das natürlich am Sonntag. Da duftet es aus sämtlichen Wirtshausküchen im Land nach Backhendl, Schweinsbraten und Tafelspitz. Zwischendurch ist gerne etwas Süßes mit

Kaffee angesagt. Allerdings huldigen die Steirer dem Koffeingetränk nicht so sehr wie ihre Wiener Landsleute. Zur Auswahl stehen kleiner und großer Brauner – ein schwarzer Kaffee, der mit einem kleinen Kännchen Milch serviert wird. Gängig ist auch noch die Melange – Kaffee mit heißem Milchschaum.

Das Abendessen wird ab 18 und selten später als 21 Uhr eingenommen. Hier lässt sich der Steirer Zeit und trinkt dazu Bier oder Wein. Beides wird im Land in hervorragender Qualität produziert, einige der hiesigen Weine liegen im internationalen Spitzenfeld. Leitsorte ist der weiße Welschriesling. Der meistangebaute Rotwein ist der zartherbe Blaue Zweigelt. Ein besonderer Tropfen ist der Schilcher: Der Rosé wird aus der Rebsorte Blauer Wildbacher gewonnen. Den Namen Schilcher dürfen nur Weine tragen, die aus in der Steiermark gewachsenen Wildbachertrauben gekeltert werden.

Bei den Bieren ist Märzen (ein Lagerbier) am beliebtesten, daneben gibt es auch Pilsener, Bock-, Weizen- und Malzbier. Die großen Brauereien im Land heißen Gösser, Puntigam, Reininghaus und Murauer, es gibt zudem viele kleine lokale Privat- oder Wirtshausbrauereien. Wer lieber zum alkoholfreien Durstlöscher greift, kann sich an naturtrüben, echt steirischen Apfelsäften erfreuen.

Simple Wirtshäuser, gutbürgerliche Gasthöfe, gehobene Restaurants, Trendlokale und Gourmettempel sind in großer Dichte über die ganze Steiermark verstreut. Bei schönem Wetter sitzt man im Gastgarten (ein Biergarten, in dem auch Wein getrunken wird). Ein ganz besonderes Erlebnis ist der Besuch auf einer Alm: Einmal wenigstens sollten Sie dort einkehren und die Spezialitäten der Sennerin probieren: Butter, Käse, Milch, Brot – alles frisch und hausgemacht. Auch köstlich: Krapfen in Schmalz gebacken

oder Kasnockn in der Pfanne serviert. Zum Abschluss muss ein Schnaps auf den Tisch, gebrannt aus verschiedenen Obstsorten, z. B. der Vogelbeere. Auf der Alm gibt es auch oft mit Kräutern, Lärchen- oder Zirbenzapfen angesetzten Branntwein. Ebenso einfach und

Zum Wohl! Natürlich mit einem Glas Schilcher

bodenständig ist die Kost in einer der vielen Buschenschänken, die es überall dort gibt, wo Wein gedeiht oder Most produziert wird. Eine Buschenschank ist zumeist ein Familienbetrieb, es werden nur Weine oder Moste aus der eigenen Produktion ausgeschenkt und dazu wird nur kalte Kost serviert.

EINKAUFEN

Die besten Mitbringsel aus der Steiermark halten nicht allzu lange: Sie sind zum Essen und Trinken. Viele Bauern vermarkten ihre Produkte selbst. Halten Sie bei einer Fahrt durchs Land Ausschau nach dem Schild „Ab-Hof-Verkauf" – vorwiegend im Süden und Osten. In den alpinen und waldreichen Regionen wiederum können Sie ein Andenken kaufen, das nahezu ein Leben lang hält: eine steirische Tracht.

ANDENKEN

Weil Silberlöffel oder Schneekugeln mit Stadtdarstellungen als Andenken gar so banal sind, hat die Firma Designsouvenir (*graz.designsouvenir.at*) hippe Mitbringsel kreiert. Das Leitmotiv ist ein stilisierter Grazer Uhrturm, der in knalligen Farben auf T-Shirts, Tassen, Taschen oder Kühlschrankmagneten prangt. Erhältlich sind die fröhlichen Souvenirs in vielen Grazer Geschäften unter anderem bei der Tourismusinfo in der Herrengasse.

KÜRBISKERNÖL

Das Steirische Kürbiskernöl ist eine regionale Spezialität. Es wird aus den schalenlosen Kernen des steirischen Ölkürbisses gewonnen. Sein Öl ist nahezu schwarz, mit grünlichem Stich, dickflüssig und von unverwechselbar nussigem Geschmack. Es eignet sich hervorragend zum Marinieren und Verfeinern, nicht jedoch zum Braten und Frittieren. Produziert wird es nach traditionellen Verfahren und zum Teil noch in aufwendiger Handarbeit, z. B. in Deutschlandsberg, wo Sepp Leopold Kernöle produziert, die regelmäßig prämiert werden. In seiner Ölmühle, die 1524 das erste Mal urkundlich erwähnt wurde, stellt Leopold außerdem noch Walnussöl und Schilceressig her *(Mo–Fr 9–18, Sa bis 17 Uhr, im Oktober Sa Schaupressen | Frauentalerstraße 120 | Deutschlandsberg | Tel. 03462 22 94 | www.oelmuehleleopold.at).*

LODEN

Der natürliche Vorfahre von Goretex & Co. schützt seit Urzeiten vor Kälte und Nässe. Der zumeist grüne Stoff aus Schafwolle wird zu Mänteln, Jacken, Capes und Hüten verarbeitet. Er wird heute noch vorwiegend dort hergestellt, wo Schafhaltung Tradition hat, beispielsweise in der Region Schladming. Richtiger Loden wird zuerst zu einem Tuch verwoben und anschließend gewalkt, indem er mit Wasser, Seife und Druck so lange malträtiert wird, bis das Gewebe verfilzt. Dadurch wird es

Der Loden ist ein Mitbringsel, das viele Jahre Freude macht. Der steirische Wein wurde dann wohl schon längst ausgetrunken

dichter, strapazierfähiger und gleichzeitig durch das Wollfett Lanolin auch imprägniert. Lodenwalkereien arbeiten zum Großteil noch immer mit den alten Handwerkstechniken. Lodenbekleidung erhalten Sie in vielen Trachtenmodegeschäften.

TRACHT

Jeder Steirer besitzt zumindest eine Garnitur. Das Dirndl besteht aus Leibkittel, Schürze und Hemd, der Trachtenanzug aus einem graugrünen Rock (Jacke) und einer Hose aus Loden, Textil oder Leder. Die Lederhose ist ein ganz besonderes Stück. Sie wird aus gegerbtem Hirsch- oder Gamsleder von Hand genäht und kunstvoll bestickt. Günstig können Sie sich alpenländisch einkleiden, wenn Sie in einem der zahlreichen Trachtenmodengeschäfte von der Stange kaufen oder einfach nur Accessoires wie Trachtenschmuck oder Tücher erstehen. Ein äußerst breites Angebot an schönen Trachten und Zubehör finden Sie beim

● *Heimatwerk Steiermark (Sporgasse 23 | Graz | www.heimatwerk.steiermark.at).*

WEIN

In keinem anderen Weinbaugebiet Europas werden so viele Weinsorten kultiviert wie in der Steiermark. International einen Namen gemacht haben sich die Winzer zuletzt mit leichten, trockenen Weißweinen, allen voran mit Sauvignon Blanc. Der Klassiker unter den steirischen Weinen ist der Welschriesling. Daneben lohnt es sich aber auch, nach Rotweinen Ausschau zu halten, wie etwa dem Blauen Zweigelt. Eine hiesige Spezialität, die man nirgendwo sonst erhält, ist der säurebetonte Rosé Schilcher, der ausschließlich auf den Gneis- und Schieferböden der Weststeiermark wächst. Einen Eindruck vom Schilcher bekommen Sie bei einer Weinverkostung bei der **INSIDERTIPP** Traditionswinzerfamilie Oswald *(www.trapl-schilcher.at)* sowie in der Buschenschank der Familie Klug *(www. klug-voltl.at | beide in St. Stefan ob Stainz).*

DIE PERFEKTE ROUTE

CITY, BURG UND THERMEN

Start der Tour ist ❶ *Graz* → S. 33, die Hauptstadt der Steiermark. In den engen Altstadtgassen kommt ein nahezu mediterranes Lebensgefühl auf. Reisen Sie hiernach in den Osten zur ❷ *Riegersburg* → S. 65 (Foto o.). Die mächtige, 850 Jahre alte Burg besitzt einen sehenswerten Rittersaal; nicht minder interessant ist die berühmte Schokoladenmanufaktur von Zotter. Bevor Sie weiterfahren ins eigentliche Thermenland, sollten Sie sich ein Bad im Thermalwasser von ❸ *Bad Blumau* → S. 64 gönnen.

DER GARTEN DER STEIERMARK

Im kleinen Städtchen ❹ *Hartberg* → S. 67 atmen Sie auf jeden Schritt und Tritt Geschichte. Von hier führt die Fahrt weiter an den Stubenberger See und ins ❺ *Apfelland* → S. 69, wo Schloss und Tiergarten Herberstein auf Sie warten. Bei gutem Wetter sollten Sie unbedingt eine ausgedehnte Wanderung ins Almenland unternehmen, wo sommers das Rindvieh weidet. Anschließend rollen Sie sanft nach ❻ *Mürzzuschlag* → S. 75 aus, wo Sie auf den Spuren von Johannes Brahms wandeln können.

ZWISCHEN WALD UND INDUSTRIE

Die Obersteiermark zählt zu den waldreichsten Gegenden Mitteleuropas. Dichter Baumbestand säumt den Weg nach ❼ *Mariazell* → S. 76. Egal, ob Sie gläubiger Katholik sind oder nicht, der Stimmung im wichtigsten Wallfahrtsort Österreichs können Sie sich kaum entziehen. An der Ostflanke des Hochschwabs vorbei gelangen Sie weiter in die alte Bergbaustadt ❽ *Leoben* → S. 70. Tags darauf reisen Sie über die steirische Eisenstraße, die die Gegend in ihrem historischen Kontext erschließt.

ALPINE SCHÖNHEIT

Die nächsten Tage stehen im Zeichen alpiner Ansichten. Es lohnt sich sehr, in den Bergen zu wandern. Ein erster Höhepunkt ist die Fahrt durchs wildromantische Gesäuse, die Sie mit einem Kulturhighlight in ❾ *Admont* → S. 87 beenden: Die spätbarocke Stiftsbibliothek (Foto u.) ist mit ihren vollen Regalen und ihren prachtvollen Fresken ein wahres Gesamtkunstwerk. Weiter geht es ins ❿ *Ausseerland* → S. 80, den Inbegriff des Heimatfilmidylls. Hier können Sie in Seen baden, Almentouren unternehmen, auf hohe Gipfel klettern oder sich mitten in gelebter Volkskultur wiederfinden.

DIE HÖCHSTEN GIPFEL

Vom Ausseerland aus haben Sie ihn längst erspäht: Den ⑪ *Dachstein* → S. 90, der das nächste Ziel ist. Beziehen Sie in Schladming Quartier und schöpfen Sie in der größten und schönsten Freiluftsportarena des Landes aus dem Vollen. Ein absolutes Muss ist die Fahrt mit der Gletscherbahn auf den mit 2995 m Seehöhe höchsten Gipfel der Steiermark. Auf der anderen Seite des Ennstals erheben sich die nicht minder spektakulären Gipfel der Hohen Tauern.

SANFTERE LAGEN

Nach diesen schroffen Ansichten begeben Sie sich langsam wieder in tiefere Regionen. Hinter ⑫ *Murau* → S. 78 weichen die Wälder ersten Kürbisfeldern und Weinbergen. Am Übergang liegen die Sommerweiden der Lipizzanerhengste, die bei ⑬ *Köflach* → S. 47 ihre Heimat haben – wunderbar zu erkunden auf dem Lipizzaner-Genussradelweg.

WEINSELIGKEIT

Mit landestypischer Küche und feinen Weinen nehmen Sie Abschied von der Steiermark und besuchen ⑭ *Stainz* → S. 55, das Zentrum von Schilcherweinbau und Kürbiskernölproduktion, und ⑮ *Kitzeck im Sausal* → S. 54, wo Sie Weine von internationalem Format genießen. Beim Probieren wissen Sie, warum das Südsteirische Weinland auch mit der Toskana verglichen wird.

845 km. Reine Fahrzeit: 14 Stunden. Empfohlene Reisedauer: 2 Wochen. Detaillierter Routenverlauf auf dem hinteren Umschlag, im Reiseatlas sowie in der Faltkarte

GRAZ

Zu Füßen des herrlich grünen Schloss-bergs erstreckt sich am Ufer der Mur die Grazer Altstadt mit ihren ziegelroten Dächern. Schmale Gassen, schiefwinkelige Plätze, prachtvolle Paläste und lauschige Innenhöfe sind die Bühne für die sommerliche Open-Air-Kultur, die zwischen März und November in der ganzen Stadt wie selbstverständlich zelebriert wird.

Das Klima ist relativ mild und die Grazer ziehen sich lieber wärmer an, als in ihren Häusern zu sitzen. Geflochtene Korbstühle unter blühendem Oleander, offene Ladentische zum Stöbern in allerlei Krimskrams, Fahrräder an jeder Straßenecke sind ein gewohnter Anblick. Das Stadtbild geprägt haben italienische Baumeister, die ursprünglich geholt worden waren, um die Verteidigungsanlagen gegen die türkischen Invasoren zu verstärken – und die in weiterer Folge schließlich von den Bürgern mit privaten Aufträgen überhäuft wurden. So entstanden beispielsweise die mediterran anmutenden Innenhöfe, in denen sich die Grazer heute unter Renaissancearkaden auf ein Glaserl Wein oder einen Latte macchiato treffen, zum klassischen Konzert oder zur Jazzsession verabreden. Bei schönem Wetter sind solche geselligen Abende an den Wochenenden oft der Abschluss eines Ausflugs, der die Einheimischen vorzugsweise auf den Hausberg Schöckl oder zum Thalersee führt. Denn die Natur liegt den Grazern näher als so manch anderem Städter.

Bild: Grazer Altstadt

Der Charme von Hauptstadt und Provinz: Wer Graz einen Besuch abstattet, wird sich Hals über Kopf in diese Stadt verlieben

CITY **WOHIN ZUERST?**
Die Stadtbesichtigung beginnt am **Schlossberg (U D2)** *(🗺 d2)*, zu dem Sie die Straßenbahnen 4 und 5 bringen, die Graz von Nord nach Süd durchfahren. Verschaffen Sie sich von oben einen ersten Überblick, bevor es losgeht. Es gibt hier zwar auch eine Parkgarage, doch Graz ist klein und Sie können das Auto getrost beim Hotel stehen lassen.

GRAZ

KARTE IM HINTEREN UMSCHLAG
(120 C6) *(🗺 J6)* **Die Landeshauptstadt der Steiermark ist mit 295 000 Einwohnern die zweitgrößte Stadt Österreichs.**

Trotzdem hat sie sich bis heute Verkehrsinfarkte, astronomische Preise und Touristenmassen vom Leib gehalten. Letzteres liegt aber keineswegs daran, dass es hier nichts zu sehen gäbe. Immerhin bietet die Grazer Innenstadt den „größten mittelalterlichen Stadtkern im deutschsprachigen Raum", lobte die Unesco, als sie die Altstadt 1999 zum Weltkulturerbe erklärte. Seit Kurzem ist auch das Schloss Eggenberg Teil dieses Unesco-Ensembles.

Späthistorisch und daher reich verziert: das Rathaus am Hauptplatz

Praktischerweise liegen die interessantesten Plätze und Sehenswürdigkeiten im Stadtkern in bequemer Gehdistanz zueinander. Das spart Energie für das ereignisreiche Nachtleben, das bis weit nach Mitternacht gehen kann.

SEHENSWERTES

BURG (U D–E3) (⌖ d–e3)
Große Teile der ehemaligen Habsburgerresidenz, die unter Friedrich III. 1438 angelegt und in weiterer Folge immer wieder erweitert und umgebaut wurde, stehen heute nicht mehr. Nur Fragmente sind noch übrig, darunter auch die Doppelwendeltreppe, ein Meisterwerk spätgotischer Steinmetzkunst (1499): zwei gegenläufige Wendeltreppen, die in jedem Stockwerk für ein paar Stufen verschmelzen. *Eingang Hofgasse 15 | Stiege III (linker Hand)*

DOM UND MAUSOLEUM ★
(U D–E3) (⌖ d–e3)
Eine Freitreppe führt zum erhöht gelegenen Ensemble aus Dom und Mausoleum. Der Dom wurde 1438–62 unter Kaiser Friedrich III. anstelle einer romanischen Kirche gebaut und sollte quasi als Hofkirche zu seiner gegenüberliegenden Residenz fungieren. An der Außenseite ist das Landplagenbild zu sehen, ein Votivbild der Grazer Bürger zur Beendigung der drei Gottesplagen von 1480 – Türkenkrieg, Heuschreckeneinfall, Pest.
Das etwas verblichene Fresko zeigt zugleich die älteste bis zum heutigen Tage erhaltene Ansicht von Graz. Im Inneren der Domkirche ist der heilige Christophorus als Beschützer vor dem unvorbereiteten Tod monumental dargestellt. Er trägt die Gesichtszüge Friedrichs III. und den Herzogshut der Steiermark. Kulturhistorische Kostbarkeiten im Dom sind die beiden Reliquienschreine links und rechts des Eingangs aus dem 15. Jh. sowie Conrad Laibs Gemälde „Kreuzigung im Gedräng" aus dem Jahr 1457, das nach langjähriger Restaurierung in Wien wieder zurückgekehrt ist. Es zählt zu den bedeutendsten spätgotischen Tafelbildern im deutschsprachigen Raum.

Ansonsten kontrastiert die opulente barocke Innenausstattung stark mit den klaren spätgotischen Baustrukturen der Kirche. Der 1730–33 errichtete barocke Hochaltar aus buntem Marmor ist ein steirisches Hauptwerk aus dieser Epoche. Das benachbarte Mausoleum wurde ab 1694 für Kaiser Ferdinand II. errichtet. Den letzten Schliff der Innenausstattung nahm später der kaiserliche Hofmaler Johann Bernhard Fischer von Erlach vor – das Mausoleum ist das kunstgeschichtlich bedeutendste Grabmal eines Habsburgers. *Dom: Mo–Fr 6.30–19.30, Sa/So 8–18 Uhr; Mausoleum: tgl. 10.30–12.30 und 13.30–16 Uhr | Eintritt 4 Euro | Burggasse 3 | www.domgraz.at*

GLOCKENSPIEL (U D3) (🗺 d3)

Der Spirituosen-Produzent Gottfried Mauerer war von den Glockenspielen in Norddeutschland und Belgien so angetan, dass er sich selbst eines in sein Grazer Haus einbauen ließ. Am Weihnachtsabend 1905 erklang erstmals die Melodie der 24 Glocken. Seither (mit einer kurzen Unterbrechung im Zweiten Weltkrieg) spielt sie verlässlich dreimal am Tag – allerdings immer andere Melodien, die zudem fünfmal im Jahr neu zusammengestellt werden. Dazu öffnen sich die Arkadenfenster im Giebel und zeigen ein tanzendes Steirerpaar. Zum Abschluss kräht der goldene Spielhahn und hebt seine Flügel. *Tgl. 11, 15 und 18 Uhr | Glockenspielplatz*

HAUPTPLATZ ★ (U D3–4) (🗺 d3–4)

Mittelpunkt der Stadt ist der Hauptplatz, der um 1100 trapezförmig als Marktplatz angelegt wurde. Die Laubengänge an den beiden Luegg-Häusern an der Ecke zur Sporgasse erinnern noch ans Mittelalter, als die Händler unter hölzernen Lauben ihre Ware anboten. Vier Bauwerke fallen besonders auf: ebenjene Luegg-Häuser (der Name kommt wohl von „lugen", „um die Ecke schauen"), von denen das Eckhaus mit einer prächtigen Stuckfassade aus dem späten 17. Jh. besticht, das Rathaus mit seinen vielen Türmchen, das Ende des 19. Jhs. für die

---

⭐ **Dom und Mausoleum**
Zwei kunstgeschichtliche Schwergewichte als Nachbarn → S. 34

⭐ **Hauptplatz**
Die ganze Grazer Pracht auf einen Blick inmitten der Stadt → S. 35

⭐ **Kunsthaus**
Zeitgenössische Kunst im avantgardistischen Architekturhaus → S. 37

⭐ **Landhaushof**
Besitzt sicher den schönste Renaissancehof diesseits der Alpen. Im Gebäude tagt das steirische Landesparlament → S. 37

⭐ **Schlossberg**
Gewaltige Festung mit zwei Türmen, die eine bezaubernde Aussicht auf Graz bietet → S. 38

⭐ **Schloss Eggenberg**
Die wohl bedeutendste barocke Schlossanlage der Steiermark mit sehenswertem Planetensaal → S. 38

⭐ **Palais-Hotel Erzherzog Johann**
In diesem feudalen Haus werden Sie gut schlafen → S. 43

⭐ **Stübinger Freilichtmuseum**
Bäuerliche Kulturgeschichte aus ganz Österreich → S. 45

MARCO POLO HIGHLIGHTS

rasch wachsende Stadt gebaut wurde, sowie das Brunnendenkmal. Es ist zu Ehren Erzherzog Johanns aufgestellt worden. Die vier steinernen Frauengestalten symbolisieren die Flüsse Mur, Enns, Drau und Sann, die damals durch die Steiermark flossen.

deidhof, Flann O'Brien und Paradiso) | Raubergasse 10 (Joanneumhof)

JOANNEUM ● (U D4) (*m* d4)

Das Landesmuseum Joanneum ist eines der ältesten öffentlichen Museen Österreichs, hervorgegangen aus der umfang-

Anders als andere Häuser: Die Grazer nennen ihr Kunsthaus deshalb scherzhaft „Blase"

INSIDER TIPP INNENHÖFE
(U D–E 3–4) (*m* d–e 3–4)

Viele Altstadthäuser von Graz haben eine besonders schöne und opulente Fassade, ob in Stein gehauen, aus Stuck gearbeitet oder gemalt. Trotzdem sollten Sie auch hinter die Fassaden blicken. Denn die schnuckeligen Innenhöfe laden ein, sich niederzulassen und die Leichtigkeit des Seins zu genießen. Werfen Sie also einen Blick hinein: *Herrengasse 3 (Herzoghof, Café Zeitlos)* | *Herrengasse 9 (Generalihof, Vinothek Klapotetz)* | *Sporgasse 22 (Haus des Deutschen Ritterordens, kein Lokal)* | *Sporgasse 11 (Las Tapas)* | *Sackstr. 10 (Altsteirische Schmankerlstube)* | *Sackstr. 12 (Krebsenkeller)* | *Sackstr. 14 (La Enoteca)* | *Paradeisgasse 1 (Para-*

reichen naturwissenschaftlichen Sammlung Erzherzog Johanns. So nahm man den 200. Geburtstag zum Anlass, die alten Gebäude und Sammlungen zu entstauben. Dem beauftragten spanischen Architektenteam Arge Nieto Sobejano & Eep ist es gelungen, drei historische Gebäude aus unterschiedlichen Epochen zu einer modernen, multifunktionellen Einheit zusammenzufügen. Ergänzt durch ein neues, lichtdurchflutetes Entrée für Besucher, das über den ebenfalls neuen Vorplatz mit den Altstadtgassen verbunden ist. Untergebracht sind hier die *Landesbibliothek,* die *Neue Galerie Graz,* die *Multimedialen Sammlungen* sowie das brandneue *Naturkundemuseum,* das nach wie vor das Herzstück des Joanneums ist. 400 Mio. Jahre (steirische) Erdgeschichte auf zwei Ebenen – nehmen Sie sich reichlich Zeit. *Di–So 10–17 Uhr | Eintritt 8 Euro | Joanneumsviertel, Zugang über Kalchberg- oder Landhausgasse | www.museum-joanneum.at*

KUNSTHAUS ⭐ (U C4) (🗺 c4)

Das moderne architektonische Wahrzeichen der Stadt wurde 2003 eröffnet, als Graz Europäische Kulturhauptstadt war. Das Kunsthaus liegt am Murufer gegenüber der Altstadt. Seine Außenhaut aus 1066 Acrylglasfenstern hebt sich bewusst von den Giebelhäusern mit ihren roten Ziegeldächern ab und fügt sich doch harmonisch ins Stadtbild. Das Haus versteht sich als Ausstellungs- und Aktionszentrum zeitgenössischer Kunst und Kultur von den 1960ern bis in die Gegenwart. Neben wechselnden Ausstellungen gibt es auch Künstlergespräche, Workshops oder spezielle Führungen. *Di–So 10–17 Uhr | Eintritt 8 Euro | Lendkai 1 | www. kunsthausgraz.at*

LANDESZEUGHAUS (U D4) (🗺 d4)

1643–44 als ständiges Waffendepot im Zuge der Türkeneinfälle errichtet – noch heute lagern im Landeszeughaus auf vier Ebenen rund 32 000 Waffen und Kriegsgeräte. Das Grazer Zeughaus ist damit die älteste Waffenkammer der Welt. Der größte Teil der Exponate umfasst Rüstungsstücke des 16. und 17. Jhs. für den einfachen Fuß- und Reitersoldaten. *April–Okt. Mo/Mi–So 10–17, Nov.– Dez./ März nur im Rahmen von Führungen Mo/Mi–So stündlich 10.15–14.15 Uhr | Eintritt 8 Euro | Herrengasse 16 | www. museum-joanneum.at*

LANDHAUSHOF ⭐ (U D4) (🗺 d4)

Das Landhaus (1557) ist einer der bedeutendsten und schönsten Renaissancebauten außerhalb Italiens. Es wurde vom italienischen Baumeister Domenico dell'Allio für den steirischen Landadel gebaut. Heute tagt hier das steirische Landesparlament. Besonders beeindruckend ist der Innenhof mit seinen dreistöckigen Arkadengängen, den Rundbogenfenstern, den kupfernen Dachspeiern aus dem 16. Jh. sowie der Brunnenlaube aus Bronzeguss, ein Meisterwerk des Manierismus. Der Hof wurde vor einigen Jahren vorbildlich renoviert und ist öffentlich zugänglich. *Eingang Herrengasse 16*

MURINSEL (U C3) (🗺 c3)

Auf der Höhe des Kunsthauses ist eine künstliche Insel in der Mur vertäut. Die

LOW BUDGET

▶ Die Aiola-Restaurants *(siehe S. 38, 39)* servieren ihre vorzügliche Küche am Mittag zum kleinen Preis – um die 8 Euro für Suppe und Hauptspeise zusammen. Selbiges gilt auch fürs Eckstein *(Mehlplatz 3 | Tel. 0316 82 87 01 | www.eckstein.co.at)*.

▶ Nur einmal Eintritt zahlen: Die Joanneum-Tageskarte (24 Std.) kostet 11 Euro und berechtigt zum Eintritt in alle Ausstellungsorte, darunter das Kunsthaus, das Landeszeughaus und das Schloss Eggenberg. Die 48-Stunden-Karte kostet 17 Euro. Informationen: *www.museum-joanneum.at*

▶ Seit einigen Jahren gibt es die sommerliche Veranstaltungsreihe *Jazz im Generalihof.* Jeden Mi von 19.30 bis 21.30 Uhr finden Live-Konzerte bei freiem Eintritt in diesem stimmungsvollen Innenhof statt. *Generalihof | Eingang Herrengasse 9*

Stahlkonstruktion, vom New Yorker Künstler Vito Acconci in Form einer halb offenen Muschel gestaltet, ist die zweite moderne Sehenswürdigkeit der Stadt, die 2003 gebaut wurde. Die Murinsel ist begehbar und verbindet über Stege die beiden Murufer. Im Sommer finden hier kleinere Veranstaltungen statt. Im Inselcafé können Sie das ganze Jahr über eine Pause einlegen.

Grazer Uhrturm, das weithin sichtbare Wahrzeichen der Stadt mit umwerfendem Blick auf die historische City, auf die Mur und das „Blase" genannte moderne Kunsthaus. Im lauschigen Garten am Uhrturm ist es sehr romantisch. Besonders gemütlich genießen können Sie die Aussicht von der ● INSIDER TIPP ▶ Terrasse im *Aiola Upstairs (tgl. | Schlossberg 2 | Tel. 0316 81 87 97 | www.aiola.at).*

Barock bis in die Details, so präsentiert sich Schloss Eggenberg dem Besucher

SCHLOSSBERG ★ ☀ (U D2) (ⓜ d2)
Vor rund 1000 Jahren wurde hier zur Verteidigung des damaligen Marktfleckens eine kleine Burg gebaut, die im Mittelalter zu einer gewaltigen Festung erweitert wurde. Sie galt als uneinnehmbar – trotzdem geben heute nur noch die wuchtigen Mauern der alten Bastei einen Eindruck von der einstigen Größe. Übrig geblieben vom alten Schlossbergensemble sind vor allem zwei Türme: der etwas versteckte Glockenturm sowie der

Auf den Schlossberg gelangen Sie zu Fuß, mit dem Lift mitten durch den Berg *(Zugang Schlossbergplatz, die Liftfahrt kostet 90 Cent)* oder mit der historischen Schlossbergbahn *(viertelstdl. So–Mi 10–24, Do–Sa 10–2 Uhr | Ticket 1,90 Euro). Zugang Kaiser-Franz-Josef-Kai 38*

SCHLOSS EGGENBERG ★
(U D2) (ⓜ d2)
Das bedeutendste Barockschloss der Steiermark (1625) wurde im Auftrag des

politischen Beraters Kaiser Ferdinands II., Hans Ulrich von Eggenberg, errichtet. Damals war der gregorianische Kalender noch relativ neu, und das Schloss spielt mit seinen Zahlen: 365 Fenster, 31 Räume pro Stockwerk, 24 Prunkräume mit 52 Türen. Beeindruckend ist der Plantensaal mit seinem Gemäldezyklus zum Thema Planeten, Tierkreise, Sternbilder und Elemente. Zeit sollten Sie sich auch nehmen für den großzügigen Landschaftsgarten mit seinem Planetengarten und den Pfauen. Die Prunkräume sind nur im Rahmen einer Führung zu besichtigen. *Führungen Palmsamstag bis 31. Okt. Di–So stdl. 10–12 und 14–16 Uhr, Schlosspark und Gärten April–Okt. tgl. 8–19, Nov.–März tgl. 8–17 Uhr | Eintritt 8 Euro | Eggenberger Allee 90 | www. museum-joanneum.at | Straßenbahnlinie 1 ab Hauptplatz*

ESSEN & TRINKEN

AIOLA CITY ● (U D3–4) (ۻ d3–4)
Auf der einen Seite groovige Lounge, auf der anderen Seite trendiges Restaurant. Die Einrichtung ist im Retrolook gehalten, das alte Gewölbe gibt dem Ganzen besonderes Flair. Die Drinks, die Weine, der Kaffee schmecken vorzüglich, und vor allem die Küche punktet mit Kreativität und Raffinesse. Im Sommer Gastgarten direkt am Platz. *Tgl. | Mehlplatz 1 | Tel. 0316 89 03 35 | www.aiola.at | €€–€€€*

INSIDER TIPP ▶ FINK (U D3) (ۻ d3)
Das Kaffeehaus bietet am Vormittag ein üppiges Frühstück und darüber hinaus den besten Kaffee der Stadt. Italienisch angehauchte Imbissbar zu Mittag, schickes In-Lokal am Abend. Küche nur mittags, außer am Donnerstag, da gibt es zu Livemusik Steaks und Garnelen. *So geschl. | Freiheitsplatz 2 | Tel. 0316 83 35 12 | www.cafefink.at | €*

MOHRENWIRT (U C3) (ۻ c3)
Klassisches Wirtshaus mit einfacher, fleischlastiger Küche. Ebenso einfach die Einrichtung, die sich seit gut 40 Jahren nicht verändert hat. Dafür können Sie nirgendwo authentischer essen – z. B. steirische Flecksuppe (aus Kutteln). *Do, Fr geschl. | Mariahilferstr. 16 | Tel. 0316 71 20 08 | €*

PRATO IM PALAIS (U D3) (ۻ d3)
Feine Küche mit neuartigem Konzept: Mittags gibt es hier Mood Food, kreiert von Ernährungsberaterin Sasha Walleczek und Küchenchef Daniel Edelsbrunner. Abends heißt das Motto „Choice Viands": Die Auswahl der ☺ bauernhoffrischen Produkte steht auf der Tageskarte – Sie wählen daraus die Zutaten und zwar je nach Größe Ihres Hungers. *So geschl. | Sackstr. 16 | Tel. 0316 23 20 89 | www.prato.at | €€–€€€*

STAINZERBAUER (U D3) (ۻ d3)
Gutbürgerliches Gasthaus mit heimeliger Einrichtung im steirischen Landhausstil. Dunkles Holz betont die weißen Gewölbebögen aus dem 16 Jh. Ehrliche, gehobene Küche, die vorwiegend auf Zutaten aus der Region setzt. Besonders zu empfehlen ist das ☺ Steak vom Almochsen aus dem Almenland. Im Sommer wunderschöner Innenhofgastgarten. Dieselbe Familie führt auch noch das Lokal INSIDER TIPP ▶ *Kirchenwirt* (direkt hinter der Basilika Mariatrost am Stadtrand), wo Sie im herrlichen Kastaniengarten ebenso vorzüglich speisen können. *Tgl. | Bürgergasse 4 | Tel. 0316 82 11 06 | www. stainzerbauer.at | €€–€€€*

INSIDER TIPP ▶ DER STEIRER
(U C4) (ۻ c4)
Klassisches Restaurant, todschicke Weinbar und moderne Verkaufstheke in einem. Bodenständige Küche, die zu

Auf den Märkten finden Sie, was in der Region angebaut wird

überraschen weiß; so steht neben dem Backhendl auch Graetzer Kapaun auf der Karte – ein feiner, mit Sardellen eingeriebener Gockel, der mit lockerer Semmel-Leber-Füllung serviert wird. Für den kleinen Hunger können Sie auch Steirische Tapas bestellen. So stehen etwa Schweinezunge in Kräutergelee oder Bachkrebsschwänze mit Vogerlsalat auf der Karte. *Tgl. | Belgiergasse 1 | Tel. 0316 70 36 54 | www.der-steirer.at | €€*

INSIDER TIPP ▶ **TRIBEKA** (U C4) (*ш c4*)
Die steirische Antwort auf Starbucks heißt Tribeka: „Tri(nk) Be(sseren) Ka(ffee)". Filiale Nummer eins (es gibt zwei weitere in Graz) liegt prominent gegenüber vom Kunsthaus. Die Bohnen werden frisch geröstet, dazu gibt es allerlei Süßes, zahlreiche Snacks, eine große Auswahl an Zeitungen und coole Musik. *Tgl. | Grieskai 2 | Tel. 0316 72 34 69 | www.tribeka.at | €*

EINKAUFEN

Haupteinkaufsstraße ist die Herrengasse mit dem sich anschließenden Hauptplatz. In der Sackgasse ist die Kunstmeile mit zahlreichen Antiquitätengeschäften und Krimskramsläden ansässig; in der Sporgasse befinden sich viele kleine Boutiquen. Eine ausführliche Übersicht über die Geschäfte innerhalb der City finden Sie auf *www.graz-hauptplatz.at*.

BAUERNMÄRKTE

Am Kaiser-Josef-Platz beim Opernhaus (U E4) (*ш e4*) sowie am Lendplatz (U B–C3) (*ш b–c3*) können Sie sich mit steirischen Produkten direkt vom Bauernhof eindecken. Das vielfältige Angebot reicht von Wein über Kernöl bis hin zu Speck und Selchwürsten. Zum Sehen und Gesehenwerden trifft man sich am **INSIDER TIPP** ▶ Samstagvormittag auf ein Glaserl Wein in der *Schnabelwei-*

de (Kaiser-Josef-Platz) oder im *Macello* (Lendplatz). *Mo–Sa 6–13 Uhr*

BOUTIQUE & WERKSTÄTTE STAJAN
(U D3) (*ⵔ d3*)

Die Familie Stajan hat es mit ihrer Trachtenmode zu internationalem Renommee gebracht. Tracht wird hier nicht einfach geschneidert: Sie wird couturiert. Das hat natürlich seinen Preis. *Sackstr. 22/1 (über der Alten Münze) | www.stajan.at*

KASTNER & ÖHLER (U D3) (*ⵔ d3*)

Die Kaufhauskette mit Hauptsitz in Graz ist ein Stück steirischer Wirtschaftsgeschichte. Schon seit 1883 gibt es das Haus in der Sackgasse, das heute Unternehmensstammsitz ist. 2010 wurde das Warenhaus zu einem modernen, lichtdurchfluteten Einkaufstempel umgebaut, wobei man darauf geachtet hat, die historischen Akzente des Hauses hervorzuheben. Mit mehr als 500 internationalen Marken haben Sie hier die größte Modeauswahl in Österreich. Von der ☼ Dachterrasse aus eröffnet sich Ihnen ein 360-Grad-Panoramablick, bei dem alles zum Greifen nahe scheint. *Mo–Fr 9.30–19, Sa bis 18 Uhr | Sackstr. 7–13 | Tel. 0316 8 70 0 | www.kastner-oehler.at*

KUNST GALERIE HOLASEK
(U D3) (*ⵔ d3*)

Hier finden Sie moderne und antike Kunst, kleine Geschenke und Anschaffungen fürs Leben. *Sackstr. 19 | www.kunstgalerie-holasek.at*

INSIDER TIPP ▶ KWIRL (U C3) (*ⵔ c3*)

Geschenke und Souvenirs von regionalen Jungdesignern – auch für den kleineren Geldbeutel. Bei der Auswahl der Produkte achtet man hier sehr auf Nachhaltigkeit. Auch wenn man es ihnen meist nicht ansieht, sind z. B. manche der hübschen Andenken aus ☺ recyclebaren

Materialien hergestellt. *Mariahilfer Str. 11 | www.kwirl.at*

LENA HOSCHEK (U D3) (*ⵔ d3*)

Die Designerin macht feminine Mode im 1950er-Jahre-Look und kombiniert Petticoats mit einem Hauch Burlesque. *Joanneumring 3 | www.lenahoschek.com*

NEW ONE (U D3) (*ⵔ d3*)

Topmodischer Schmuck, bezahlbar und trotzdem hochwertig: Im Shop von Nina und Nicki aus der traditionsreichen hiesigen Juweliersfamilie Schullin werden Sie fündig. *Sporgasse 22/1 | www.newone.at*

AM ABEND

Das trendige Nachtleben konzentriert sich in der Innenstadt im sogenannten Bermudadreieck rund um Färber-, Mehlund Glockenspielerplatz. Bodenständige Weinstuben finden Sie im Franziskanerviertel. Wer es klassisch mag, wird in Graz mit Oper und Schauspielhaus hervorragend bedient *(Infos über Spielpläne und Kartenvorverkauf bei Bühnen Graz | Tel. 0316 80 00 | www.theater-graz.com).*

BOLLWERK GRAZ WEST (O) (*ⵔ O*)

Mit moderner Soundanlage versetzt die größte Disko der Steiermark das Partyvolk in Stimmung. Es gibt zwei Clubs, den rustikal eingerichteten Tanzstadl und eine Chill-out-Zone. *Mi, Fr, Sa und vor Feiertagen ab 21 Uhr | Weblinger Gürtel 5 | Tel. 0316 23 72 17 96 | www.bollwerk.at*

CONTINUUM (U D3) (*ⵔ d3*)

Coole Bar, kubanische Zigarrenlounge, orientalisches Wasserpfeifencafé und Restaurant – das Continuum ist alles in einem. Die Barkeeper servieren aufregend klingende Cocktails wie WooWoo oder Painkiller. *Mo–Sa ab 15, So ab 16 Uhr | Sporgasse 29 | www.continuum.co.at*

DIZZY'S PUB BAR LOUNGE
(U D3) (*M d3*)

Vor fast 30 Jahren einer der ersten In-Treffs der City und auch heute noch beliebte Anlaufstelle. Berühmt für seine Cocktails. *Tgl. 15–4 Uhr | Färbergasse 9*

PARKHOUSE (U E3) (*M e3*)

Zwischen alten Bäumen und Ententeich erstreckt sich das Open-Air-Areal des Parkhouse. An schönen Tagen tagsüber Café, am Abend Lounge, in der Nacht Partyzone. DJs und Bands treten oft vor Hunderten von Gästen auf und feiern bis in die Morgenstunden. *Tgl. ab 11 Uhr, im Winter geschl. | Stadtpark 2 | www.parkhouse.at*

LAS TAPAS (U D3) (*M d3*)

Spanienurlaub ohne Flugstress verspricht das Lokal im Gewölbe eines alten Pferdestalls. Bei kalten und warmen Tapas, begleitet von Rijoas, Sangrias, Sherrys oder Cocktails, amüsieren Sie sich im lauschigen Innenhof (inklusive Palme) bis zum frühen Morgen. *Tgl. 11–4 Uhr | Sporgasse 11 | www.lastapas.at*

THEATERCAFÉ GRAZ (U E–F4) (*M e–f4*)

Nach Opern- oder Theaterbesuch gehen die Grazer traditionell ins Theatercafé. Wunderbar morbider Varietécharme. Berühmt ist das Theatercafé für seine vielen Varianten der *Eierspeis* (Rührei). Vor dem eigentlichen Cafébetrieb wird die **INSIDER TIPP** hauseigene Kabarettbühne mit der besten Kleinkunst, die Graz zu bieten hat, bespielt. Nähe Oper. *Di–Sa Kabarett ab 19, Cafébetrieb ab 22 Uhr, Juli/Aug geschl. | Mandellstr. 11 | Tel. 0316 82 53 65 | www.hinwider.com*

WEIN & CO BAR (U D4–5) (*M d4–5*)

Der Name der Bar steht seit 1993 in Österreich für Spitzenweine aus dem In- und Ausland zu vernünftigen Preisen. Hier können Sie sich glasweise durch eine riesige Auswahl an Weinen kosten und dazu einen Happen oder gar ein

Cocktails trinken im ältesten Pub von Graz: Dizzy´s Pub Bar Lounge

ganzes Menü essen. Den Rahmen dazu bietet das vom lokalen Architekten Hermann Eisenköck umgestaltete Jugendstilhaus. *So geschl. | Herrengasse 3 | Tel. 0316 82 66 76 | www.weinco.at*

ÜBERNACHTEN

INSIDER TIPP ▶ HOTEL DANIEL
(U A3) (🛏 a3)
Statt Kleiderschrank gibt es eine bloße Stange mit Stofffächern: Wer solch schlichte Ästhetik schätzt, wird dieses Designhotel lieben. Tolles Angebot: Vespa und Elektroroller (E-Bikeboard) zum Ausleihen ab 15 Euro. *107 Zi. | Europaplatz 1 | Tel. 0316 71 10 80 | www.hoteldaniel.at | €*

PALAIS-HOTEL ERZHERZOG JOHANN
⭐ *(U D3) (🛏 d3)*
Das opulente Stadtpalais ist seit 1852 ein Hotel. Man gibt sich entsprechend gediegen. Antiquitäten, edle Teppiche und Parkettböden lassen ein fürstliches Wohngefühl aufkommen. Angenehme Atmosphäre, charmanter Service, großzügige Zimmer. *59 Zi. | Sackstr. 3–5 | Tel. 0316 81 16 16 | www. erzherzog-johann.com | €€€*

ROOMZ GRAZ *(U E5) (🛏 e5)*
Das Grazer Hotel ist der jüngst eröffnete Ableger dieser Gruppe von Budget-Designhotels. Die kleinen Zimmer sind großzügig und zum Teil sehr trendig – beispielsweise mit offenem Bad – gestaltet. *130 Zi. | Conrad-von-Hötzendorf-Straße 92-96 | Tel. 01 7 43 17 77 | www.roomz-graz.com | €*

SCHLOSSBERGHOTEL
(U C–D3) (🛏 c–d3)
Feines Haus am Fuß des Schlossbergs direkt am Ufer der Mur. Stilmöbel und Antiquitäten überwiegen bei der Einrichtung, dennoch setzen moderne Bilder und Skulpturen überraschende Akzente.

Außerdem ist ein kleiner Pool mit wunderschönem Blick auf die Ziegeldächer der Altstadt vorhanden. *54 Zi. | Kaiser-Franz-Josef-Kai 80 | Tel. 0316 8 07 00 | www.schlossberg-hotel.at | €€€*

DAS WEITZER *(U C4) (🛏 c4)*
Der Platzhirsch unter den Grazer Hotels – wer in einem lässigen und coolen Hotel zu einem vernünftigen Preis wohnen möchte, ist hier richtig. *202 Zi. | Grieskai 12–16 | Tel. 0316 70 30 | www. weitzer.com | €€*

AUSKUNFT

GRAZ TOURISMUS INFORMATION
(U D4) (🛏 d4)
Hier können Sie auch geführte Touren buchen wie den klassischen Altstadtrundgang oder die Führung „Hofhalten" durch private Innen- und Arkadenhöfe sowie kulinarische Rundgänge, Cabrio-Busfahrten oder Vollmondtouren. Audioguides für die Stadtführung. *Herrengasse 16 | Tel. 0316 8 07 50 | www. graztourismus.at*

ZIELE IN DER UMGEBUNG

LURGROTTE *(120 C5) (🛏 J6)*
Bei Semriach liegt die größte wasserdurchströmte Tropfsteinhöhle Österreichs *(Mitte April–Okt. tgl. 10–16 Uhr, Hauptführungen 11, 14 und 15.30 Uhr, Nov.–Mitte April Sa/So 11 und 14 Uhr | Eintritt 6,50 Euro | Zugang in Semriach | Tel. 03127 83 19 | www.lurgrotte.at)*. Das stetig eindringende Oberflächenwasser des gurgelnden Lurbachs lagert sich in Form von kontinuierlich wachsenden Stalaktiten und Stalagmiten ab. Immer wieder öffnen sich die schmalen Gänge im fünf Kilometer langen Höhlensystem zu gewaltigen Felsdomen, bizzaren Sintern und Schluchten. *25 km entfernt*

SCHÖCKL ☼ (120 C5) (*ⅅ K5*)
Der Schöckl ist sozusagen der Hausberg der Grazer: Auf 1500 m Seehöhe haben Sie einen umwerfenden Panoramablick. Die Städter fahren bei schönem Wetter an den Wochenenden meist von St. Radegund mit der Sechser-Gondelbahn hinauf und gehen dann auf dem Schöckl wandern *(Gondel: Mo–Fr 9–17, Sa/So 9–18 Uhr | Bergfahrt 6,40 Euro, Berg- und Talfahrt 11,90 Euro)*. Der Plateau-Rundwanderweg, auf dem auf rund 3,5 km gerade einmal 100 Höhenmeter zu überwinden sind, ist gemütlich zu bewältigen und bietet beste Aussichten in alle Richtungen. Viele blühende Alpenpflanzen wie Seidelbast oder Türkenbundlilie säumen den Weg.

Als krönender Abschluss lohnt sich ein Besuch im denkmalgeschützten *Stubenberghaus,* einer charmanten, mit Holzschindeln verkleideten Berghütte auf 1445 m Höhe, in der Sie auch übernachten können *(www.stubenberghaus.at | €€)*. Drumherum gibt es für besonders Bewegungshungrige ein reichhaltiges Sportangebot: einen 18-Korb-Discgolfer-Parcours (eine Kreuzung aus Golf und Frisbee), eine Orientierungslaufstrecke sowie drei Downhillpisten für Mountainbiker. Für den Weg nach unten stehen Ihnen wahlweise die Gondelbahn oder die *Sommerrodelbahn Hexenexpress* zur Verfügung *(Rodelbahn: Mo–Fr 9.30–16.30, Sa/So 9.30–17.30 Uhr | Fahrt 2,80 Euro)*. *21 km entfernt*

STIFT REIN (120 C5) (*ⅅ J6*)
Das älteste Zisterzienserkloster der Welt wurde 1129 gegründet. Heute präsentiert sich das Stift Rein als typisch österreichischer Bau im Barockstil. Besonders sehenswert ist, neben der Stiftskirche, die Bibliothek mit mittelalterlichen Handschriften. Sensationell ist der jüngste Fund im Kloster: das Grab des Stifters und ersten steirischen Landesherrn Leopold I., der im Gründungsjahr verstorben ist. Die weiten Stiftswälder laden zu ausgedehnten Spaziergängen

ERZHERZOG JOHANN

Auf keinen Namen stößt man in der Steiermark häufiger: Erzherzog Johann von Österreich ist als Förderer und Modernisierer der Region in die Geschichte eingegangen. Als der Adelige 1811 seine umfangreiche naturwissenschaftliche Sammlung dem Land schenkte, war dies die Geburtsstunde des Landesmuseums Joanneum. 1862 wurde auf seine Initiative hin die Berg- und Hüttenschule in Vordernberg eröffnet – heute die Leobener Universität. Legendär ist auch seine Volksverbundenheit. Er war meist in Tracht unterwegs, förderte Handwerk, Gewerbe und Industrie als Basis für den allgemeinen Wohlstand. Seine soziale Gesinnung und Verbundenheit mit der Bevölkerung zeigte er, als er während der Hungersnot 1816/17 unters Volk ging und dort Kartoffeln verteilte. Als er 1829 die Ausseer Postmeistertochter Anna Plochl heiratete, verzichtete er auf seinen Platz in der Thronfolge. 1840 kaufte er die Herrschaft Stainz, wo er zehn Jahre später der erste frei gewählte Bürgermeister wurde. Johann starb 1859 in seinem Palais in Graz. Der große Brunnen auf dem Grazer Hauptplatz erinnnert an den Erzherzog.

und Wanderungen ein. *Tgl. 10.30 und 13.30 Uhr Führungen zu wechselnden Themen | Eintritt 7 Euro | Rein 1 | Rein | Tel. 03124 5 16 21 | www.stift-rein.at | 18 km entfernt*

STÜBINGER FREILICHTMUSEUM ★
(120 B5) *(ⅲ J6)*

Das Museum am Ufer der Mur ist eine der am häufigsten besuchten Attraktionen der Steiermark. Auf einem riesigen Areal sind hier inmitten von Wäldern, Wiesen und Feldern 100 originale historische Bauernhöfe, Gehöfte, Ställe, Speicher, Mühlen und spezielle Bauten wie etwa Dörr- und Köhlerhütten wiederaufgebaut worden. Die Gebäude wurden aus ganz Österreich an diesen Ort gebracht und geben einen hervorragenden Einblick in das bäuerlich-handwerkliche Leben der Vergangenheit. Im Frühling wird auf Feldern rund um das Museum Korn ausgesät, im Herbst dann nach alter Tradition das Erntedankfest gefeiert und in den besinnlichsten Wochen des Jahres Christbaumschmuck selbst gebastelt. Bei zahlreichen Vorführungen können Sie tief ins Leben auf dem Land eintauchen und längst vergessene Fertigkeiten wie das Salbensieden für sich wiederentdecken. *April–Okt. tgl. 9–17 Uhr | Eintritt 8,50 Euro | Stübing | www.freilichtmuseum.at | 18 km entfernt*

THAL (120 B–C6) *(ⅲ J6)*

In der kleinen Gemeinde (2300 Ew.) am Thalersee steht das Geburtshaus von Arnold Schwarzenegger, das in ein *Museum* verwandelt worden ist. Zu sehen sind, neben einer übergroßen Bronzestatue vom „Terminator", viele Erinnerungsstücke an seine Zeit als Jugendlicher, bevor er aufbrach, um als Bodybuilder die Welt zu erobern *(Mi–So 10–17 Uhr | Eintritt 5 Euro | Linkastraße 9 | Tel. 0316 57 19 47 | www.arnieslife.com)*.

Abseits dieser Anekdote hat der Ort jedoch noch eine weitere Attraktion vorzuweisen – und zwar die bemerkenswerte und äußerst sehenswerte *Pfarrkirche St. Jakob (So–Fr 8–19, Sa 9.30–19 Uhr)*. Als diese nämlich in den 1980er-Jahren zu klein für die Gemeinde geworden war, konnte für

Ein „phantastisches" Gotteshaus: Pfarrkirche St. Jakob am Thalersee

ihre Erweiterung Professor Ernst Fuchs, der bedeutendste Repräsentant der „Wiener Schule des phantastischen Realismus" gewonnen werden. Noch nie gehört? Schauen Sie sich die farben- und formenfrohe Kirche einmal an – ein außergewöhnlicher Anblick! *10 km entfernt*

WEINLAND

Weingärten, so weit das Auge reicht, kennzeichnen diese Region. Die sorgsam gepflanzten Rebstöcke zeichnen symmetrische Muster auf die Hügel, die in der Ferne zu einem grünen Teppich verschmelzen.

Die Steirische Toskana, wie sie auch genannt wird, ist von der Sonne verwöhnt. Schlanke Pappeln und fruchtschwere Obstbäume setzen Akzente, Wälder und kleine Felder durchbrechen den Rhythmus der Landschaft, in der man sich ganz dem Weinanbau verschrieben hat. Bauernhöfe erheben sich inmitten der Weingärten, die Terrassen ihrer Häuser sind nach Süden, zur Sonne hin ausgerichtet. Von dort, wo Österreich völlig unmerklich nach Slowenien übergeht, kommt auch die warme Luft, die die Trauben im äußersten Süden der Steiermark zu mediterraner Reife bringt. Am besten Sie lassen bei einem Besuch noch genügend Platz im Kofferraum, denn viele Weinbauern verkaufen ihre Erzeugnisse direkt ab Hof. Und so günstig kommen Sie nur selten an die Erzeugnisse internationaler Spitzenwinzer. Um deren Vielfalt kennenzulernen, machen Sie es sich in einer der zahlreichen Buschenschänken auf der südseitigen Veranda mit Panoramablick gemütlich und verkosten die verschiedenen Weine glasweise.

Etwas weiter nördlich dünnen sich die Weingärten aus und machen dichteren Wäldern und saftigen Wiesen Platz. Hier haben die berühmten Lipizzanerhengste auf dem Gestüt Piber ihre Heimat.

Bild: Südsteirische Weinstraße

Wo feinster Wein und Kürbiskernöl fließen:
An der Grenze Österreichs zu Slowenien liegt
sie, die sogenannte „Steirische Toskana"

KÖFLACH

(122 A3) (□ H6) **Von der Leichtigkeit des Weinlands ist in Köflach nichts mehr zu spüren. Die ehemalige Bergwerksstadt ist umringt von dichten Wäldern und weiten Wiesen. Die hohen Berge, die sich im Norden abzeichnen, haben unverkennbar Gebirgscharakter.**
Die Stadt (9800 Ew.) bildet mit Voitsberg und Bärnbach ein Drei-Städte-Eck, in dem die Glasmacher- und Bergbauvergangenheit der Region spürbar ist. Die meisten Besucher kommen aber hierher, um die Lipizzaner zu sehen, die auf dem nahe gelegenen Bundesgestüt Piber gezüchtet werden.

SEHENSWERTES

KUNSTHAUS
Um 1900 gebaut, zeigt das modernisierte Ausstellungshaus heute bildende Kunst. *Do–So 10–17 Uhr | Eintritt 4 Euro | Bahnhofstr. 6 | www.kunsthaus-k.at*

LIPIZZANERWELT PIBER ⭐

1798 wurde hier ein Militärgestüt eingerichtet. Nach Auflösung des kaiserköniglichen Hofgestüts in Lipica im heutigen Slowenien übersiedelten die berlbundesstraße bis zum Gaberlsatten fahren und dort den Pfeilen folgen (ca. 3,5 km). Im Gestüt können Sie die Geschirrkammer, den Hengst- und Laufstall, die Schmiede, die Wagenremise und

In Köflach machen die weltberühmten Lipizzanerhengste Sommerurlaub

Lipizzaner 1920 nach Piber in ihre neue Heimat (3 km von Köflach entfernt). Hier werden die anfangs noch grauen, schwarzen oder braunen Pferde gezüchtet und aufgezogen, bis sie – erwachsen und damit weiß geworden – in der Spanischen Hofreitschule in Wien die Besucher begeistern. Im Sommer kommen auch diese Hengste wieder zurück zum Gestüt und erholen sich auf den Sommerweiden. ● Dann können Sie sie auf der Stubalm, in der Umgebung des Alten Almhauses, das als Hütte bewirtschaftet wird, beobachten, ohne dafür Eintritt zu bezahlen. Zum Alten Almhaus kommen Sie über verschiedene Wanderwege oder mit dem Auto von Köflach über die Ga-

die Reithalle besichtigen, außerdem das eindrucksvolle Barockschloss selbst. Angeschlossen ist ein Museum zur Geschichte der Lipizzaner. *April–Okt. tgl. 9.30–17 Uhr, Führungen jeweils zur vollen Stunde (außer um 12), Nov.–März Führungen tgl. 11 und 14 Uhr | Eintritt 12 Euro | www.piber.com*

MARIA LANKOWITZ

Im Inneren der Wallfahrtskirche (2 km von Köflach) befindet sich eine gotische Schnitzfigur der thronenden Maria mit dem Kind, Ziel von Bittprozessionen und Wallfahrten: Laut einer Legende war das von Türken verschleppte Gnadenbildnis im 15. Jh. hier unter einem Kreuz aufgestellt worden. Als sich mehrere Wundertaten ereigneten, baute man eine hölzerne Kapelle, später dann eine Kirche, die 1678–1681 ihr heutiges Erscheinungsbild bekam. *Tgl. 7–20 Uhr*

BUSCHENSCHANK SCHACHNER

Hier sitzen Sie im Schatten einer 200-jährigen Linde, rund 20 Gehminuten von der Therme sowie vom Gestüt Piber entfernt. *Di/Mi geschl. | Schachnerweg 2 | Tel. 03144 58 04 | €*

GRABENMÜHLE

Typisch steirischer Landgasthof mit rustikaler Einrichtung und saisonaler Karte. Bekannt für seine Backhendl sowie für seine Forellen und Saiblinge aus eigener Zucht. *Mi geschl. | Purbach 70 | Maria Lankowitz | Tel. 03144 3115 | www.graben muehle.at | €€*

RADFAHREN

Die Lipizzaner-Genussradltour (59 oder 82 km) führt zu den schönsten Plätzen der Region. Von der Lipizzanerwelt Piber geht es weiter nach Bärnbach zur Hundertwasserkirche und zum Stölzle-Glascenter. Anschließend führt die Route hinauf zum 🌿 *Lukaskogel*, weniger Sportliche kürzen hier ab. Danach stehen noch die Schilcherorte Mooskirchen und Ligist sowie die Wallfahrtskirche Maria Lankowitz auf dem Plan. Radkarte beim Tourismusverband, Leihräder vermietet *Zweirad Bratschko | 8 Euro pro Tag | Hauptplatz 2*

THERME NOVA

Ein moderner Glasbau mit jeder Menge Möglichkeiten zum Baden und Erholen. Wem 1000 m² Wasserfläche mit Massagesprudel, Wasserfall, Kinderbereich und 25-m-Indoor-Sportbecken nicht

genug sind: Es gibt dazu noch mehrere Saunen mit regelmäßigen Aufgusszeremonien und einen herrlichen Ausblick von der 🌿 Dachterrasse. *Tgl. 9.30–21.45, Saunawelt Mo–Fr 11–21.45, Sa/So 9.30–21.45 Uhr | Eintritt 19 Euro Tageskarte, Abendkarte ab 19 Uhr 9,60 Euro | An der Quelle 1 | Tel. 03144 70 10 00 | www.thermenovakoeflach.com*

DISKOTHEK LORBER

Legendäre Disko. Mittwochs Evergreenabend mit den Songs der 1960er bis 80er. *Mo, Di geschl. | Packerstr. 14 | www.restaurant-lorber.at*

INSIDER TIPP GASTHOF ZUR WEINLAUBE

Familiärer Gasthof in der Ortsmitte von Köflach, der vor wenigen Jahren komplett renoviert und im zeitgemäßen

---

⭐ Lipizzanerwelt Piber
Mit den berühmten weißen Pferden der Wiener Hofreitschule auf Tuchfühlung → S. 48

⭐ Fürstenzimmer Seggau
Einblicke in die Welt von Adeligen und Bischöfen → S. 52

⭐ Sausal
Dramatische Weinlandschaften hoch über den Flüssen Sulm und Laßnitz → S. 54

⭐ Jagawirt
So wunderschön ist das Schilcherland – und genauso gut schmeckt es → S. 57

MARCO POLO HIGHLIGHTS

Bunt: 144 000 Glasmosaikteilchen wurden im Mosesbrunnen verbaut

Landhausstil eingerichtet wurde. In der Gaststube serviert man bodenständig-saisonale Kost auf hohem Niveau. *5 Zi. | Peter-Rosegger-Gasse 15 | Tel. 03144 2 80 90 | www.zurweinlaube.at | €*

KUR- UND WELLNESSHOTEL NOVA

Modernes Wellnesshotel gleich neben der Therme. Hoteleigenes Spa, aber auch direkter, bademanteltauglicher Zugang zur Therme (ermäßigter Eintritt). *132 Zi. | An der Quelle 1 | Tel. 03144 70 10 00 | www.novakoeflach.com | €€€*

AUSKUNFT

**TOURISMUSVERBAND
LIPIZZANERHEIMAT**
An der Quelle 3 | Köflach | Tel. 03144 72 77 70 | www.lipizzanerheimat.com

ZIELE IN DER UMGEBUNG

BÄRNBACH (122 B3) (*Ø H6*)

Größte Attraktion der kleinen Gemeinde (5300 Ew.) ist die *Stadtpfarrkirche St. Barbara* im Zentrum. 1987–88 wurde die Kirche vom österreichischen Künstler Friedensreich Hundertwasser in ein fröhlich-buntes Gotteshaus umgebaut. Vor allem im Außenbereich hat Hundertwasser das Gesicht der Kirche verändert. So gestaltete er im Park um das Gebäude zwölf Torbögen, die für die großen Weltreligionen stehen. Hinter der Kirche ist ein *Kräuterschaugarten* mit über 200 Gewürz-, Tee- und Heilkräutern angelegt *(April–Sept.)*.

Wer von der Kirche zum Stadtpark spaziert, wird dort den mit Glasmosaiken und Blattgold verzierten *Mosesbrunnen* entdecken. Dieser stammt von einem anderen bekannten österreichischen Künstler, dem Wiener Maler Ernst Fuchs. Auftragsarbeiten für Künstler wie Hundertwasser oder Fuchs gehören zur jüngeren Vergangenheit von Bärnbach. Die Geschichte des Orts ist jedoch eine gänzlich andere: Seit 200 Jahren wird hier Kohle abgebaut und Glas hergestellt. Einen Einblick in das Handwerk bekommen Sie beim Besuch der Glasfirma Stölzle-Oberglas. Für Besucher gibt es ein Glasmuseum und Mundblasvorführungen. *Dez. Mo–Fr 9–17, Sa 9–13 Uhr; Mundbläserei auf Anfrage Mai–Okt. 11 Uhr | Eintritt 6 Euro | Hochtregisterstr. 1 | Tel. 03124 6 29 50 | www.glasmuseum.at | 5 km entfernt*

VOITSBERG (122 B3) (*⋒ H6*)

Die Bezirkshauptstadt (10 000 Ew.) glänzt mit einem schönen historischen Stadtkern. Am lang gestreckten Hauptplatz finden Sie Bauwerke aus den verschiedensten Epochen, darunter die *St.-Michaels-Kirche* mit ihrem gotischen Chor, das *Romhaus* (Nr. 55) mit seinem spätgotischen Tor und Laubengang, das *Reichmannhaus* (Nr. 16), das von 1605 bis 1788 das städtische Rathaus war, oder die hochbarocke *Mariensäule*. Im Kontrast zu den ehrwürdigen Bürgerhäusern steht das neue *Rathaus,* das 2002 vom österreichischen Künstler Arik Brauer mit in Bildsprache umgesetzten Sinnsprüchen verziert wurde. Es lohnt sich, den gemütlichen Weg zur ☀ *Burgruine Obervoitsberg* hochzusteigen, wo man im **INSIDER TIPP** *Burgrestaurant* ganz hervorragend speist *(Mo geschl.). 6 km entfernt*

LEIBNITZ

(122 C5) (*⋒ K8*) Die Bezirkshauptstadt im Süden der Steiermark ist das Tor zum Weinland – alles dreht sich hier um die edlen Tropfen.

Leibnitz (7800 Ew.) ist bekannt für seine Weinlokale und -veranstaltungen – wie etwa Weinfrühling, Stadtweinlese oder Herbstfest –, die mehrere Tage dauern. Dank des milden Klimas stellen Cafés und Bars ihre Tische hier besonders früh im Jahr ins Freie – und räumen sie erst spät im Herbst wieder weg. Suchen Sie sich am schmucken Hauptplatz eine Open-Air-Terrasse und bringen Sie sich in gemütliche Stimmung – die einzig passende bei einer Reise durchs Weinland.

SEHENSWERTES

FLAVIA SOLVA

Die einzige Römerstadt der Steiermark liegt in der Leibnitzer Gemeinde Wagna. Zunächst eine Siedlung, erhielt Flavia Solva 70 n. Chr. unter Kaiser Vespasian die Stadtrechte. Die Ruinen der Stadt wurden teilweise freigelegt. Sie sind nicht sehr spektakulär, in Zukunft sollen sie jedoch zentraler Teil eines Archäologieparks sein. Interessant ist der *Museumspavillon,* der 2012 eröffnet wurde: Man geht nicht mehr ins Museum hinein, sondern rundherum. Modern aufbereitet sind hier Fundstücke zu sehen, die einen Einblick in den römischen Alltag, in Totenkult und Götterverehrung geben. *Ganzjährig frei zugänglich | Marburgerstr. 111 | Wagna | www.museum-joanneum.at*

LOW BUDG€T

▶ Wohnen beim Weinbauern im Winzerzimmer ist nicht nur sinnig und romantisch, sondern auch recht günstig: qualitätsgeprüfte Zimmer bereits ab 20 Euro pro Peron. *www.weinland-steiermark.at*

▶ Die beiden wunderschön gelegenen Seen am Weg zum Packsattel, Packer Stausee und Hirzmannstausee, sind beliebte sommerliche Badereviere. Der Eintritt ist frei.

FRAUENBERG

Der Frauenberg liegt am Westrand von Leibnitz auf einem Hügel, der den letzten Ausläufer des Weststeirischen Hügellandes bildet, das hier in die Murebene abfällt. Funde weisen darauf hin, dass hier bereits in der Jungsteinzeit Menschen siedelten. Erhalten sind die Überreste eines römischen Tempels. Er ist der Göttin Isis Noreia gewidmet, die als Muttergott-

de es ab 1219 von den Bischöfen von Seckau erweitert. Zu besichtigen sind der *Renaissancehof* mit Lapidarium, die *barocke Schlosskapelle* und der *bischöfliche Weinkeller*. Die eindrucksvollsten Räumlichkeiten sind die vier sogenannten ★ *Fürstenzimmer,* die zwischen 1742 und 1748 als bischöfliche Repräsentationssäle gestaltet wurden und nahezu ganz in ihrer ursprünglichen Form erhalten sind.

Schloss Seggau: Der frühere Bischofssitz steht heute für Besichtigungen offen

heit und Schicksalsgöttin auf dem gesamten Gebiet des heutigen Österreichs verehrt wurde. Den Tempel errichteten die Römer auf den Grundmauern keltischer Kultbauten. Darüber wurde 1731 das Messnerhaus für die benachbarte Marienwallfahrtskirche gebaut. Heute beherbergt es das *Tempelmuseum,* in dessen Untergeschoss sich ein Lapidarium mit römischen Steindenkmälern befindet. *Mai–Okt. tgl. 10.30–15.30 Uhr | Eintritt 3 Euro | Frauenberg 17 | Seggauberg | www.seggauberg.com*

SCHLOSS SEGGAU ☆

Auf einem Hügel über der Stadt thront Schloss Seggau. Gebaut im 12. Jh., wur-

Frei zugänglich sind der Schlosshof und die Römersteingalerie. Nach der Besichtigung lohnt sich eine Pause im netten Schlosscafé. *Schlossführungen Mai–Okt. Sa 14, So 11 Uhr; Kellerführungen mit Kleinverkostung Mai–Okt. 15.30 Uhr (Anmeldung bis 14 Uhr) | Eintritt 6 Euro, Kombiticket mit Schloss-Weinkeller 12 Euro | Seggauberg 1 | Tel. 03452 82 43 50 | www.seggau.com*

ESSEN & TRINKEN

FRISCHEHOF ☺

Die Robiers, überzeugte Biolandwirte, servieren ihr selbst geerntetes Saisongemüse gleich in ihrem netten Restaurant, welches direkt an den Hof angeschlossen ist. Daneben steht auch Freilandhuhn und -schwein oder Biokarpfen auf der Speisekarte. *So geschl. | Im Lagerfeld 11 (Richtung Autobahn, Kreisverkehr Grallastraße) | Tel. 03452 74 5110 | www.frischehof.at | €*

HOTEL-RESTAURANT STARIBACHER HOF

Im rustikal-eleganten Ambiente speisen Sie südsteirische Gerichte auf höchstem Niveau. Lassen Sie auf jeden Fall Platz für die hausgemachte Kardinalschnitte, sie ist die Spezialität des Hauses. Wer über Nacht bleiben will, findet im Haus 41 behaglich eingerichtete Zimmer. Reservierung erforderlich. *Tgl. | Grottenhof 5 | Leibnitz/Kaindorf | Tel. 03452 8 25 50 | www.staribacher.at | €€€*

AM ABEND

INSIDER TIPP ▶ CAFÉ ELEPHANT

Ein traditionsreiches Café, heute eher eine Espresso- und Weinbar mit gesonderter Raucher-Lounge. Immer wieder Veranstaltungen wie Lesungen, Weindegustationen oder Musikabende. *Tgl. | Hauptplatz 32 | Tel. 03452 8 25 97 | www. cafe-elefant.at*

CAFÉ ROSEGGER

Innen überzeugt schicker Retrostil. Meistens sitzt man aber ohnehin im malerischen Gastgarten direkt am Hauptplatz. *Tgl. | Hauptplatz 16 | Tel. 03452 7 14 40 | www.cafe-rosegger.at*

RÖMERN

Im Sommer findet einmal wöchentlich das Römern-Fest auf dem großen Freigelände neben den Ausgrabungen von Flavia Solva statt: eine kulinarische Veranstaltung, zu der die Musi gespielt wird. *Mai–Sept. Mi ab 18.30 Uhr | Eintritt frei | Römerdorf Wagna | Tel. 03452 82 58 20 | www.roemern.at*

ÜBERNACHTEN

RÖMERHOF

Gepflegtes Stadthotel im mediterranen Stil. Sitzgarten unter der Weinlaube, kleiner Garten mit Pool. Auch wenn Sie nicht hier wohnen: Kommen Sie zum Essen, die steirisch-adriatische Küche ist vorzüglich. *21 Zi. | Marburgerstr. 1 | Tel. 03452 8 24 19 | www.hotel-roemerhof.info | €–€€*

WEINBAUERNHOF ASSIGAL

Weinbaubetrieb mit Buschenschank und netten Gästezimmern. Das Haus der Familie Assigal liegt mitten in den Weinbergen. Es gibt Weinverkostungen und Kellerführungen. *6 Zi. | Seggauberg 45 | Tel. 03452 8 68 11 | www.assigal.at | €*

AUSKUNFT

TOURISMUSVERBAND LEIBNITZ-WAGNA-SEGGAUBERG

Sparkassenplatz 4a | Leibnitz | Tel. 03452 7 68 11 | www.leibnitz.info | www.sued steiermark.com

ZIELE IN DER UMGEBUNG

LEUTSCHACH (122 C5) (*∅ K8*)

Der kleine Weinbauort (570 Ew.) ist nicht nur Endpunkt der Südsteirischen Weinstraße, sondern auch der einzige Ort der Steiermark, in dem Hopfen angebaut wird. Eine Kostprobe gibt es beim Brauereibesuch *(Fr/Sa 11–18 Uhr | Eintritt 7 Euro | Tel. 0699 10 43 87 49 | www.diebrauerei.com)*. Wer bei den Trauben bleiben will: Im *Weinkulturgarten* am Eichberg ist ein Themenweg mit Schautafeln eingerichtet – gleich daneben liegt die Buschenschank der Familie Koller *(Mi geschl. | Eichberg-Trautenburg 39 | www.kollerhof.at)*, wo Sie die neu erworbenen Kenntnisse praktisch weiter vertiefen können.

Erleben Sie das Weinland bei einer Wanderung besonders intensiv. Die Glanzer Hoftour etwa führt Sie hoch zum  *Eorykogel,* wo Sie die größte Weintraube der Welt – aus Edelstahl – bewundern können. *(Start/Ziel Abels Käsehof | Dauer ca. 3 Std. Wegbeschreibung im Tourismusbüro am Hauptplatz).* Auf *Abels Käsehof* kredenzt Chefin Gabi Abel Bodenständiges auf höchstem Niveau im Ziegelgewölbe des alten Stalles – sehr gemütlich! *Mi/Do geschl. | Fötschach 9 | Leutschach-Leibnitz | Tel. 03454 63 84 | www.kaesehof-abel.at*

SAUSAL ⭐ (122 C4–5) *(𝔐 J7)*

Das Hügelland zwischen den Flüssen Sulm und Laßnitz heißt Sausal. Hier sind die Weinlagen steil und die Aussicht ist entsprechend dramatisch. Von Leibnitz kommend, biegen Sie gleich nach dem Sulmsee in Richtung St. Nikolai ab. Im Ort einen Besuch wert sind die **INSIDER TIPP** ▶ *Whiskydestillerie Weutz (Shop April–Okt. Di–Sa*

10–17 Uhr, März–Nov. Do–Sa 10–17 Uhr | Führungen gegen Voranmeldung | St. Nikolai 6 | Tel. 03185 3 44 40 | www.weutz.at) wie auch die ausgezeichnete Buschenschank  *Pichler-Schober* auf einem Weinberg über dem Ort *(April–Nov. Mi–So ab 14 Uhr | Mitteregg 26 | Tel. 03456 34 71 | www.pichler-schober.at).*

Wer mehr über die Geschichte des Weins erfahren will, besucht in Kitzeck (Österreichs höchstgelegenem Weinort) das *Steirische Weinbaumuseum (April–Okt. Sa/So 10–12 und 14–17 Uhr | Eintritt 3 Euro).* Hier beginnt auch ein 10 km langer, thematischer *Rundwanderweg.* Mit 600 Höhenmetern geht die Tour in die Beine, doch auf müde Wanderer warten unterwegs mehrere Einkehrmöglichkeiten *(RWW 8 | Gehzeit ca. 3,5 Std.).* Als Abschluss des Tages empfiehlt sich die Einkehr beim 🌀 *Kirchenwirt,* der sich der Slow-Food-Küche verschrieben hat *(Mi–Sa | Steinriegel 52 | Kitzeck | Tel. 03456 22 25 | www.kirchenwirt-heber.at).*

Die steilsten Weinberge Österreichs finden Sie hier, auf der Sausaler Weinstraße

STAINZ

(122 B4) *(ᗺ J7)* **Stainz (2200 Ew.) ist ein schmucker Marktflecken, dessen Cafés und schattige Gastgärten zum Verweilen statt zum Weiterhetzen einladen.** Die Gemeinde liegt im Zentrum des Kürbis- und Schilcheranbaus. Der charaktervolle, säurehaltige Roséwein wird aus der Blauen Wildbacherrebe gewonnen, die an den sonnigen Hängen der Koralpe heranreift. Der Schilcher hat der Region den Namen Schilcherland gegeben – und erlebt derzeit unter Weinfreunden eine Renaissance. In den lauschigen Buschenschänken von Stainz können Sie ihn probieren.

SEHENSWERTES

JAGDMUSEUM SCHLOSS STAINZ ☘

Im historischen Ambiente des gewaltigen Schlosses (ehemals Augustiner-Chorherrenstift) oberhalb von Stainz ist eine riesige Ausstellung zum Thema Jagd zu sehen. Die Kulturgeschichte der Jagd wird anhand steinzeitlicher Speerschleudern, reich geschmückter kaiserlicher Gewehre oder auch Jagdmalereien dokumentiert. Sie erfahren ebenso viel über Wildtiere und Wildökologie – selbst für Nichtjäger sehr interessant. *März–Okt. Di–So 9–17 Uhr | Eintritt 8 Euro | www. museum-joanneum.at*

STAINZER FLASCHERLZUG ●

Der Flascherlzug ist eine Dampflok mit einer kuriosen Geschichte: Der Name des Zugs stammt aus der Zeit, als in Rachling ein Arzt namens Johann Reinbacher praktizierte. Es hieß, Reinbacher – vulgo Höllerhansl – könne Krankheiten aus dem Urin ablesen. Also reisten die Menschen auf der Suche nach Heilung mit der Stainzer Bahn zu ihm – im Gepäck ein mit Urin gefülltes Flascherl. Heu-

te ist die Zugfahrt mit der Lok von 1894 ein nostalgisches Vergnügen. *April–Nov. Mi, Fr, Sa, So 15 Uhr, Sept.–Okt. zusätzlich Sa, So 10 Uhr | Fahrpreis hin und zurück (Stainz–Preding–Stainz: 2 Stunden) 14 Euro | www.bahnerlebnis.at*

ESSEN & TRINKEN

`INSIDER TIPP` RAUCHHOF ☺

Kulturwirtshaus, Spezialitätenrestaurant und Dorfstube in einem. Auf den Tisch kommen Forellen aus eigener Zucht, im Frühjahr selbst gezogener Spargel, ab August Kürbis und mit Herbstbeginn Wild aus der Region. Auch sehr schöne Zimmer *(€–€€)*. *Mo, Di geschl. | Wald-Süd 21 | Marhof | Tel. 03463 28 82 | www. rauch-hof.at | €€*

EINKAUFEN

ÖLMÜHLE HERBERSDORF ● ☺

In einer der ältesten und kleinsten Ölmühlen wird Kürbiskernöl nach alter Tradition gepresst. Sie können auch Bauernhofprodukte der Region kaufen. Führungen und Verkostung nur für Gruppen. *Mo–Mi, Sa 9–16 Uhr | Herbersdorf 9 | Rassach | www.oelmuehle.herbersdorf.at*

WEINHAUS STAINZ

Hier werden Hunderte steirische Weinspezialitäten zu äußerst fairen Preisen sowie ☺ Naturprodukte vom außergewöhnlichen Edelbrand bis zur Biofeinkost angeboten. *Di–Fr 13–19, Sa 11–19, Sept./ Okt. zusätzlich So 11–16 Uhr | Grazer Str. 21 (Auffahrt zum Schloss Stainz) | www. weinhaus-stainz.at*

FREIZEIT & SPORT

E-BIKEN

Im Land der steilen Rieden kann man beim Radeln leicht ins Schwitzen geraten. Wer es lieber gemütlich angeht, mietet sich am besten ein E-Bike *(Reservierung beim Tourismusverband oder bei Velovital | 14,90 Euro pro Tag | Tel. 0810 55 55 00 | www.velovital.at)* und macht sich auf, beispielsweise zur landschaftlich beeindruckenden Schilcher-Tour Nord *(44 km, auch kürzere Varianten möglich | www.genussradeln.at).*

RENT A TRAKTOR ●

Nehmen Sie im Oldtimer-Traktor Platz und tuckern Sie in Zeitlupe durch die Landschaft. Traktorfahrten (mit Einkehr in einer Buschenschank) werden ab sechs Personen durchgeführt. Ab Mai haben Sie am Wochenende meist die Möglichkeit, sich einer Gruppe anzuschließen. Ein gültiger Führerschein Klasse B ist erforderlich. *April–Okt. | Halbtagesfahrt pro Traktor 56 Euro | Frau Waltraud Handrick, Tel. 0664 5 85 41 24 | www.traktormuseum.at*

AM ABEND

In Stainz gibt es den sehr aktiven Kulturverein Stainzeit *(www.stainzeit.at),* der an verschiedenen Orten (z. B. im Schloss oder in der Hofer-Mühle) Lesungen, Theater oder Ausstellungen organisiert.

WEINGUT & BUSCHENSCHANK ULZ 🌿

Zum Tagesausklang mit einem Glas Schilcher in den Weinbergen Platz nehmen und den Blick über Stainz und das Schilcherland schweifen lassen: So schön kann das Leben sein. *So–Di geschl. | Max-Gschiel-Str. 35 | www.wein-ulz.at*

ÜBERNACHTEN

ENGELWEINGARTEN 🌿

Außerhalb vom Ortszentrum mit grandioser Aussicht über das ganze Schilcherland. Die Gästezimmer im alten Gasthof (alle mit Balkon) sind charmant und mit viel Holz eingerichtet. *5 Zi. | Max-Gschiel-Str. 41 | Tel. 03463 23 81 | www.engelweingarten.at | €€*

AUSKUNFT

TOURISMUSVERBAND SCHILCHERLAND STAINZ-REINISCHKOGEL

Rathausplatz 4 | Stainz | Tel. 03463 45 18 | www.schilcherland.com

KLAPOTETZ

Die Räder der Klapotetze, die sich im Wind drehen, sind das Wahrzeichen des Weinlands. Der Name leitet sich aus dem slowenischen „klopotati" ab, was auf Deutsch „klappern" heißt. Die geräuschvollen Räder sollen die Vögel von den Weingärten vertreiben und sie so am Naschen hindern. Traditionellerweise wird der Klapotetz am Jakobi- und Annatag (25. und 26. Juli) aufgestellt und nach der Weinlese um den Martinitag (11. November) wieder abgebaut. Gebaut wird er aus unterschiedlichen Holzarten: Der Korpus besteht aus Eschenholz, die Flügel aus Fichte, das Klangbrett aus Vogelkirsche, die Verbindungsstücke sind wegen der starken Beanspruchung aus dem sehr harten Holz der Kornelkirsche gefertigt. Am Ende des Rads bietet ein Bund aus Birkenzweigen dem Wind eine erweiterte Angriffsfläche. Der weltweit größte Klapotetz steht in der Gemeinde St. Andrä Höch im Sausal. Er ist mit seinen 16 m Höhe kaum zu übersehen.

ZIELE IN DER UMGEBUNG

BURG DEUTSCHLANDSBERG
(122 B4) (*m J7*)

Die Burganlage aus dem Mittelalter erhebt sich trutzig auf einem Felsmassiv hoch oben über der Bezirkshauptstadt Deutschlandsberg. Seit der Jungsteinzeit war dieses Fleckchen Erde mit ☼ atemberaubender Aussicht immer wieder besiedelt, die erste urkundliche Nennung eines Burggrafen ist auf 1153 datiert. Hier können Sie das *Burgmuseum Archeo Norico* besuchen, das Sammlungen zu Vor- und Frühgeschichte sowie zur Zeit der Kelten zeigt *(Mitte März–Mitte Nov. tgl. 10–19 Uhr | Eintritt 9 Euro | Tel. 03462 56 02 | www.burgmuseum.at)*. Ein Teil der alten Burg ist zu einem `INSIDER TIPP` wunderschönen Hotel umgestaltet worden, das auch ein mehrfach ausgezeichnetes Restaurant beherbergt *(Tel. 03462 5 65 60 | www.burghotel-dl.at | €€–€€€)*. Bei schönem Wetter ist die ☼ Burgterrasse ein wunderbarer Platz zum Entspannen. *13 km entfernt*

JAGAWIRT ★ ☼ ⏱ (122 B4) (*m J7*)

Schmale Straßen, alte Weinstöckel und Bauernhäuser, Weinberge und Waldflecken – mitten im Idyll des Schilcherlands liegt der Jagawirt. Der uralte Hof diente bereits im 18. Jh. als Rast für Reisende, die von Stainz nach Modriach unterwegs waren. Die jetzigen Wirtsleute setzen die alten bäuerlichen Traditionen des Hofs fort. Dazu gehört, dass sie auf dem Gelände alte Nutztierrassen züchten und regelmäßig Volksmusikanten in den Gastgarten einladen. Wer über Nacht bleiben will, hat die Wahl zwischen Zimmern im Haupthaus, im Gartenhäuserl oder dem urigen Jagahäuschen *(€€)*. *Mi geschl. | Sommereben 3 | Tel. 03143 8105 | www.jagawirt.at | 9 km entfernt*

RASSACH ● (122 B4) (*m J7*)

Das Dorf besticht durch sein geschlossenes Ortsbild mit seinen uralten, liebevoll hergerichteten und gepflegten Bauern-

Ein Treff im Schilcherland: der Jagawirt

häusern. Die Landwirte vermarkten ihre selbst angebauten Produkte in kleinen eigenen ⏱ Hofläden, dazwischen finden sich außerdem zahlreiche Geschäfte, die Kunsthandwerk anbieten, und verschiedene Möglichkeiten zur Einkehr. Man sagt, dass es in Rassach das beste Geselchte, die saftigsten Äpfel und das köstlichste Kürbiskernöl zu kaufen gibt. Letzteres können Sie auch im *Schichler- und Kernölstöckl* verkosten *(Mo geschl. | Rassach 25 | www.klassischerschilcher.at)*. *4 km entfernt*

THERMENREGION

Wiesen, Wälder und Weingärten überziehen im Südosten das immer flacher werdende Land. Trutzige Burgen thronen auf solitären Felsen. Letztere sind die Reste einer Millionen von Jahre zurückliegenden Vulkantätigkeit.

Die Zeiten, als glühende Lava aus dem Erdinneren hochkochte, sind lange vorbei, doch der Vulkanismus prägt das Gebiet bis heute. Zum einen landwirtschaftlich: Durch die fruchtbaren Böden gedeiht so gut wie alles, weshalb die Region auch das kulinarische Aushängeschild der Steiermark ist. Zum anderen entstanden durch die Eruptionen viele mineralstoffreichen Thermalquellen, deren Heilwasser bei Beschwerden wie Bandscheibenleiden oder Rheumatismus helfen. Die Thermenregion ist ein dünn besiedelter Landstrich, was

historisch bedingt ist: Im Grenzland zu Ost- und Südeuropa war stets die Furcht präsent, dass Magyaren, Türken oder Kuruzzen (ungarische Aufständische) einfallen und alles verwüsten könnten. Burgen, wehrhafte Schlösser und stark befestigte Städte bezeugen diese unruhige Vergangenheit und sind nach einem Wellnesstag einen Besuch wert.

BAD RAD-KERSBURG

(123 E–F5) *(₪ L8)* ⭐ **Die kleine Stadt im äußersten Südosten der Steiermark ist bekannt für ihre 80 Grad heiße Thermalquelle wie auch für ihre wunderschöne Altstadt.**

Bild: Hundertwasser-Therme in Bad Blumau

Die Kraft der Vulkane: Thermalwasser tief aus dem Erdinneren – im Südosten des Landes wird Wellness ganz großgeschrieben

Angelegt wurde Bad Radkersburg (1400 Ew.) im 13. Jh. als Festung gegen die Ungarn. Dieser Wehrcharakter wird besonders deutlich, wenn Sie sich vom Kurzentrum aus nähern und die eindrucksvolle spätmittelalterliche Stadtmauer vor Ihnen aufragt. Die Festungsanlage ist nahezu geschlossen erhalten geblieben und schützt ein Kleinod historischer Städtebaukunst. An das Zentrum schließt ein großer Stadtpark an, der entlang der Mur zur Therme führt – der zweiten Hauptattraktion Bad Radkersburgs.

SEHENSWERTES

ALTES ZEUGHAUS

In dem Haus (16. Jh.) ist die wechselvolle Geschichte der Stadt in einer modernen Ausstellung dokumentiert. In der Umgebung von Bad Radkersburg sind Außenstellen eingerichtet, die etwa die vor- und frühgeschichtlichen Funde bei Hummersdorf, Tieschen und Grössing zeigen. *Mai–Okt. Di, Mi, Fr, Sa 14–18 Uhr; Führung Mi/Fr 15 Uhr | Eintritt 3,50 Euro | Emmenstr. 9*

BAD RADKERSBURG

HAUPTPLATZ

Im Mittelalter befand sich an dieser Stelle der Marktplatz. Händler, die in die Stadt kamen, mussten sich dazu verpflichten, mindestens drei Tage lang

Wo einst die erste Stadtbefestigung stand, finden Sie heute die Pfarrkirche

zu bleiben – was Gastronomie und Gasthäusern zugute kam. In bester Tradition reihen sich rund um den Hauptplatz heute die Cafés aneinander.
Sie sind mit in den zwei- bis dreigeschossigen Gebäuden untergebracht, die einst im Besitz wohlhabender Händler und Adeliger waren. Der *Rathausturm* ist das bekannte Wahrzeichen der Stadt, der *Brunnen* stellt den Grundriss der Befestigungsanlage mit ihren sieben Basteien dar und die *Mariensäule* erinnert an die Pestplage von 1680.

STADTPFARRKIRCHE

Die gotische Basilika wurde auf einem Wehrturm aufgebaut. An der Westseite des Turms sind noch die Schießscharten zu sehen. Man betritt die Kirche (16. Jh.) durch ein kunstvoll gestaltetes Portal aus hellem Sandstein. *Pfarrgasse/Kirchgasse*

ESSEN & TRINKEN

METZGERWIRT

Auf den Teller kommen Produkte aus eigener Herstellung, Rippchen, Stelzen (knusprig gebratenes Eisbein), Wurzelfleisch und Surbraten (gepökelter Braten). Die Spezialität des Hauses sind Kürbiskernwürste. Sehr netter Garten. *Sa-Nachmittag, So geschl. | Emmenstr 4–6 | Tel. 03476 2168 | www.metzger-wirt.at | €€*

EINKAUFEN

CERAMIC IM CENTRUM

In der Außenstelle des Zeughausmuseums hat Friederike Koscher ihr Atelier. Die Kunsthandwerkerin verkauft dort auch ihre selbst gemachte Keramik. *Mo–Mi 10–12, Do–Sa 10–20 Uhr | Hauptplatz 2 (im Johannes-Aquila-Kulturhof)*

FREIZEIT & SPORT

MURAUEN

Entlang der Mur, die hier die Grenze zu Slowenien bildet, verläuft ein idyllischer Weg mitten durch die wildnishafte Au. Besonders vielfältig ist die Vogelwelt mit Eisvogel, Schwarzstorch oder Kormoran. Spazieren Sie von der Stadt in Richtung Osten zur Flusslandschaft-Außenstelle des Museums oder nehmen Sie den 18 km langen *Radkersburger Wasserweg* (4,5 Std.). Unterwegs gibt es einige schöne Einkehrmöglichkeiten, z. B. die Buschenschank *Hoamathaus (tgl. | Laafeld 36 | Tel. 03476 27 37)* in Laafeld.

PARKTHERME

Großzügige Therme mit Thermal- und Sportbecken, Kinderbereich und Saunawelt. Das Thermalwasser sprudelt aus 1930 m Tiefe und ist 80 Grad heiß. Im Thermalquellbecken ist es dann auf angenehme 36 Grad abgekühlt. *Mo–Do 9–21.30, Fr, Sa 9–23, So 9–20 Uhr | Tageskarte 20 Euro | Alfred-Merlini-Allee 7 | Tel. 03476 2 67 70 | www.parktherme.at*

RADFAHREN

Im flachen Murtal gibt es Radtouren von 5 bis 136 km Länge. Konditionsstarke radeln landeinwärts ins Hügelland, acht Touren stehen zur Wahl. Wer lieber gemütlich in die Pedale tritt, unternimmt eine der sechs Touren nach Slowenien. *Radkarten und Tourenführer beim Informationsbüro Bad Radkersburg*

AM ABEND

TÜRKENLOCH

Treffpunkt der Einheimischen aller Altersklassen. Warme Küche bis Mitternacht. *Di–Sa 10–2 Uhr | Langgasse 10*

ÜBERNACHTEN

HOTEL KAISER VON ÖSTERREICH

Ein Haus mit Geschichte direkt an der Stadtmauer. Nach einem kurzen Intermezzo in den Händen einer Gesellschaft wird es nun – stilvoll renoviert und um einen erstklassigen Thermalbereich erweitert – wieder von der hiesigen Familie Sommer geführt. *64 Zi. | Langgasse 1 | Tel. 03476 40 75 00 | www.kaiservon.at | €€€*

INSIDER TIPP RESIDENZ DOMENICO

Das Patrizierhaus der Familie List ist ein altes Stadthaus mit hübschem Hinterhofgarten, in dem Ihnen das Frühstück serviert wird. *7 Zi. | Bindergasse 1 | Tel. 03476 25 13 | www.residenz-domenico.at | €*

AUSKUNFT

REGION BAD RADKERSBURG

Stadtführungen werden von April–Okt. Do um 16 und von Nov.–März um 15 Uhr für 4 Euro angeboten. Treffpunkt ist das Infobüro. *Hauptplatz 14 | 8490 Bad Radkersburg | Tel. 03476 25 45 | www.badradkersburg.at*

ZIELE IN DER UMGEBUNG

BAD GLEICHENBERG (123 E4) (*L7*)

Der ältesten Kurort der Steiermark (2200 Ew.). Herzstück ist der 20 ha große *Kurpark* mit seinen riesigen Mammutbäumen. Im neuzeitlichen *Kurhaus* werden unter anderem Haut- und Atemwegserkrankungen sowie Rheumapatienten behandelt. Angeboten wird neben vielen anderen Heilmethoden beispielsweise eine Kältekammertherapie. *www.bad-gleichenberg.at | 25 km entfernt*

⭐ Bad Radkersburg

Ein Kleinod historischer Städtebaukunst plus Entspannung in der Therme → S. 58

⭐ Therme Rogner Bad Blumau

Pure Entspannung: Friedensreich Hundertwasser gestaltete diese außergewöhnliche Wellnesslandschaft → S. 64

⭐ Riegersburg

Ausblicke auf die Oststeiermark und Einblicke ins mittelalterliche Leben → S. 65

⭐ Schloss Herberstein

Trutziges Schloss mit grandiosem Tierpark und spannendem Kunstmuseum → S. 69

MARCO POLO HIGHLIGHTS

KLÖCH (123 E5) (⊞ L8)

Die Weinbauern der Marktgemeinde Klöch (1200 Ew.) produzieren Traminerweine von Weltformat. Machen Sie einen kulinarischen Ausflug und genießen Sie zunächst die herrliche Aussicht vom ❋ Wehrturm der Burgruine *(Ostern–Okt. tgl. 12–18 Uhr)*, bevor Sie sich bei einer Wanderung auf dem gut ausgeschilderten ● *Klöcher Traminerweg* Appetit holen. Es gibt zwei je 7 km lange Wege, Ausgangs- und Endpunkt für beide ist die Vinothek Klöch (Gehzeit jeweils ca. 2,5 Std.). Zum Abschluss des Tages sollten Sie entweder in der *Buschenschank Frühwirth* einkehren *(Deutsch Haseldorf 46 | www.fruehwirth.at)* oder im *Gasthof und Weingut Palz (Klöchberg 45 | www.gasthof-palz.at)*, wo es `INSIDER TIPP` das beste steirische Backhendl weit und breit gibt. *10 km entfernt*

SCHLOSS KAPFENSTEIN ●

(123 E4) (⊞ L7)

Auf einem erloschenen Vulkankegel steht das Schloss der Familie Winkler-Hermaden. Die burgartige Anlage aus dem 11. Jh. ist ein alter Trutz- und Schutzwall, der bereits zahlreichen Angriffen der Hunnen, Türken und Kuruzzen standgehalten hat. Das Schloss selbst kann zwar nicht besichtigt werden, aber hier lässt es sich, `INSIDER TIPP` wunderbar wohnen und Sie können richtig gut speisen sowie erstklassige Weine kaufen. *Hotel: Mitte März–Mitte Dez.; Restaurant: April–Nov. tgl. 11–23 Uhr (in der Nebensaison Mo–Mi geschl.) | Kapfenstein 1 | Tel. 03157 30 03 00 | www.winkler-hermaden.at | 21 km entfernt*

STRADEN ❋ (123 E4) (⊞ L7)

Mit seinen vier Kirchen auf einem vulkanischen Hügel zählt das Dorf (1600 Ew.) zu den schönsten im ganzen Bezirk. Zwischen Weinbergen und Buschenschänken hat sich im Ortsteil Hof ein kleines Museumsdreieck etabliert. Zu sehen gibt es dort die Schau *Nostalgisches Landleben (Di geschl. | Eintritt frei | Bulldogwirt, Hof bei Straden 2)*, das *Hochzeitsmuseum* und das *Heilwassermuseum (April–Okt. jeden 1. und 3. Sa/So im Monat 14–18 Uhr | Eintritt 3 Euro | Johannisbrunnen, Hof bei Straden 17)*. Besonders gut essen Sie beim Stöcklwirt, der bekannt dafür ist, dass er vieles aus seinem 🟢 eigenen Bauerngarten erntet. *(Mo/Di geschl. | Neusetz 44 | Straden | www.stoecklwirt. at). www.straden.at | 20 km entfernt*

FÜRSTENFELD

(123 F3) (⊞ M6) **Fürstenfeld (6000 Ew.) ist als Thermenhauptstadt bekannt: Vier der insgesamt neun Thermen der Region liegen im Umkreis von weniger als 25 km.** Der Ort selbst hat eine adrette Innenstadt, in der vor einigen Jahren zahlreiche Gebäude renoviert wurden. Ihr Markenzeichen sind die vielen Cafés mit Sonnenterrassen.

Beste Aussichten: Das Schloss Kapfenstein steht mitten in den Weinbergen

SEHENSWERTES

BRUNNEN

Früher besaß fast jedes Haus in der Innenstadt einen eigenen Brunnen. Im Zuge der Stadterneuerung hat man dieses Thema aufgegriffen und es wurden neun teils historische Brunnen zeitgemäß umgestaltet. Am interessantesten ist der *Türkenbrunnen* an der Ecke Hauptstr./Ungarstr.: Wenn die Grenzlandbewohner bei einem der häufigen Überfälle fliehen mussten, versteckten sie ihre Wertsachen in dessen Tiefen.

PFEILBURG

Die Pfeilburg war als Wohnturm Teil der mittelalterlichen Stadtmauer und wurde im 16. Jh. nach den Plänen des Italieners Domenico dell'Allio ausgebaut. Sie beherbergt das Stadtmuseum *Kruzitürken,* das die Geschichte der Stadt am Kreuzungspunkt zwischen Ost und West präsentiert, sowie ein Tabakmuseum. *April–Okt. Di–So 10–18, Nov.–März Sa 14–17 Uhr | Eintritt 5 Euro | Klostergasse 18 | www.fuerstenfeld.at/pfeil*

ESSEN & TRINKEN

BRAUGASTHAUS FÜRSTENBRÄU

Hier wird tatsächlich eigenes Bier gebraut: Helles, Dunkles, Weizenbier und saisonale Spezialitäten. Gutbürgerliche Küche auf hohem Niveau im traditionellen Gasthausambiente. *Tgl. | Hauptstr. 31 | Tel. 03382 55 25 50 | www.fuerstenbraeu.at | €€*

THERMENKONDITOREI ULREICH

Hausgemachte Mehlspeisen, kräftiger Kaffee, Eisvariationen. Außerdem ein üppiges Frühstücksbuffet. Gemütlicher Gastgarten direkt am Hauptplatz. *Tgl. | Hauptplatz 4 | www.konditorei-ulreich.at | €*

FREIZEIT & SPORT

FREIBAD FÜRSTENFELD

Das Bad liegt eingebettet zwischen Feistritzufer und dem städtischen Buchwald. Sprungtürme, Riesenrutschen und direkter Zugang zum Campingplatz. Beliebt bei Beachvolleyballern. *Mai–Sept. tgl. 8–20, So ab 7.30 Uhr | Tageskarte 4,50 Euro | Badstr. 1 | www.dasfreibad.at*

FÜRSTENFELD

AM ABEND

GRUAM DISKOTHEK
Seit den frühen 1960er-Jahren Treffpunkt der Jungen und Junggebliebenen sowie Szenemusiker. *Tgl. ab 19 Uhr | Hauptstr. 32*

ÜBERNACHTEN

GASTHOF FRÖHLICH
Der klassische Gasthof, der seit 1551 im Familienbesitz ist, liegt zentral in Fürstenfelds Innenstadt. Die Zimmer gehen nach hinten hinaus. Hier isst man auch sehr gut. *15 Zi. | Hauptstr. 11 | Tel. 03382 5 23 22 | www.gasthof-froehlich.at | €*

AUSKUNFT

TOURISMUSVERBAND FÜRSTENFELD
Hauptstr. 2a | Fürstenfeld | Tel. 03382 55 47 00 | www.thermenhauptstadt.at.

Wenn Sie bei einem Partnerbetrieb der *Thermenland-Genusscard* übernachten, erhalten Sie die Card kostenlos, die freien Eintritt zu 120 Attraktionen der Oststeiermark bietet.

ZIELE IN DER UMGEBUNG

BAD BLUMAU (123 F2) (*M6*)
Das Besondere an der kleinen Gemeinde (1600 Ew.) ist die ★ ● *Therme Rogner Bad Blumau,* ein Hotelkomplex mit Thermalbad. Die gesamte Anlage wurde von Friedensreich Hundertwasser in dem für ihn typischen Architekturstil entworfen. Die Dächer sind begrünt, goldene Kuppeln glänzen weithin und keines der 2400 Fenster gleicht dem anderen. Ein bunter Mix aus Farben und Formen ist dabei entstanden, der im Detail doch stimmig wirkt. Die Thermal- und Saunalandschaft, zu der auch zwei Heilquellen

BÜCHER & FILME

▶ **Kramasuri** – Wissen Sie, wie man Kernölflecken aus der Bluse entfernt und was eine Oaschkretzen ist? Nein? Macht nichts: Das Handbuch des Steirerwissens von Robert Engele und Christian Penz gibt Ihnen die Antworten darauf.

▶ **Der stille Ozean** – Gerhard Roth, der große Grazer Literat, schreibt über das Leben in der steirischen Provinz.

▶ **Das ewige Leben** – Autor Wolf Haas hat mit der Figur des Simon Brenner einen durch und durch österreichischen Privatdetektiv geschaffen. Im letzten Band der Krimireihe kehrt der abgehalfterte Brenner nach Graz, an den Ort seiner Kindheit, zurück.

▶ **Gereimt und ungereimt** – Moderne steirische Autorinnen stellen in dieser Anthologie einen Auszug aus ihren Prosatexten und Gedichten vor.

▶ **Aus dem Leben Hödlmosers** – Der Schriftsteller Reinhard P. Gruber zeichnet in seinem Hödlmoser-Roman ein äußerst schräges Psychogramm der steirischen Landesseele. Dieses Stück Anti-Heimatliteratur ist nicht jedermanns Sache, aber ein viel zitiertes Werk.

▶ **Ranfilm** – Die kleine Filmproduktion (*www.ranfilm.at*) hat eine Reihe erstklassiger Dokumentationen über einzelne steirische Regionen produziert, etwa über das Murtal oder den Erzberg.

gehören, bietet Wellness auf 8500 m². Das Hotel mit Gourmetrestaurant *(€€€)* verteilt sich auf mehrere Gebäude und einen riesigen Park am Rand der Ortschaft. Wer nicht dort wohnt, sollte sich seinen Thermentag rechtzeitig im Internet reservieren! *Therme tgl. 9–23 Uhr | Mo–Fr 39 Euro, Sa/So 48 Euro (tel. Reservierung*

EDELSBACH (123 E3) (*Ω L7*)

23 Jahre lang baute der Landwirt Franz Gsellmann (1910–81) an seiner **INSIDER TIPP** Weltmaschine, die nichts produziert und auch sonst keine sinnvolle Aufgabe hat. Sie ist einfach ein knallbuntes Kuriosum, das blinkt, pfeift, rasselt, klingelt und leuchtet. Gsellmann hat sich mit

In der Therme von Bad Waltersdorf können Sie wunderbar entspannen

empfohlen) | Tel. 03383 5 10 00 | www. badblumau.com | 9 km entfernt

BAD WALTERSDORF (123 E–F2) (*Ω L6*)

Auf halbem Weg zwischen Hartberg und Fürstenfeld liegt Bad Waltersdorf (2200 Ew.). Zentrum des Kurorts ist die öffentlich zugängliche Heiltherme mit dem angeschlossenen *Quellenhotel*. Einzigartig sind die **INSIDER TIPP** Anwendungen der TSM – der Traditionell Steirischen Medizin: Altes Wissen aus der Naturheilkunde wird mit modernen medizinischen Erkenntnissen verbunden. *Heiltherme tgl. ab 8.30, Mo–Do bis 22, Fr bis 23, So bis 21 Uhr | Tageskarte ohne Sauna 19,50 Euro | www.heiltherme.at | 17 km entfernt*

seinem Werk als Künstler gezeigt, ohne je einer sein zu wollen. Zu besichtigen ist das wundersame Werk auf dem Hof der Familie in Edelsbach bei Feldbach. *Mi–Mo 9–18 Uhr | Eintritt 3 Euro | Tel. 03115 29 83 | www. weltmaschine.at | 28 km entfernt*

RIEGERSBURG ⭐ ☼
(123 F3) (*Ω L6–7*)

Die 850 Jahre alte Festung steht als weithin sichtbares Wahrzeichen der Oststeiermark auf einem 482 m hohen Vulkanfelsen. Ihre Geschichte ist eng mit der Verfolgung und Verurteilung von Hexen verbunden *(Hexenmuseum)*. Besonders sehenswert ist der *Rittersaal* mit wunderbaren Holzarbeiten, der berühmten

Hausorgel und dem Bildnis der „schlimmen Liesl", einer der schillerndsten Figuren der Steiermark im 17. Jh. – unter anderem, weil sie drei Mal verheiratet war.

in rund 150 Geschmacksrichtungen, z. B. Rose-Basilikum, Birne-Kardamom oder Bergkäse-Walnüsse-Trauben. Im *Schoko-Laden-Theater* – eine moderne und ori-

Bitte eintreten: Die 850 Jahre alte Riegersburg ist heute eine Touristenattraktion

In Burgnähe gibt es eine *Greifvogelwarte* mit Falknervorführung, die zu den besten Europas zählt. *Burg: Mai–Sept. tgl. 9–17, April und Okt. ab 10 Uhr | Eintritt 10 Euro | www.veste-riegersburg.at; Falknereishow: April–Okt. Mo–Sa 11 und 15, So 11, 14 und 16 Uhr | Eintritt 8 Euro | www.greifvogelflugschau.at*
Es gibt aber auch kulinarische Gründe, sich an den Fuß der Riegersburg zu begeben: Die ● ◉ *Schokoladenmanufaktur von Josef Zotter (Bergl 56a | www.zotter.at)* ist hier zu Hause. Zotters handgeschöpfte Fair-Trade-Schokoladen sind etwas ganz Besonderes: Die Inhaltsstoffe stammen aus ökologischer Landwirtschaft, die edlen Endprodukte erfüllen Gourmetansprüche. Zudem gibt es Schokoladen

ginelle Form der Betriebsbesichtigung – können Sie sich durchs Sortiment kosten. Zotter ist allerdings noch viel mehr als „nur" Schokolade. Zu den aktuellen Projekten des umtriebigen Öko-Unternehmers gehört der *Essbare Tiergarten:* Was dort artgerecht über den Hof stolziert und trabt, wird später im Restaurant nebenan serviert – Zotters Art, Bewusstsein für Lebensmittel zu schaffen *(Mo–Sa 9–19, Mai–Okt. bis 20 Uhr | kombinierter Einheitspreis inkl. Führung 11,90 Euro | Reservierung empfohlen, Tel. 03152 5554).*
Wenn Sie über Nacht bleiben, empfiehlt sich das stylishe *Genusshotel Riegersburg* mit wunderschönem Blick auf die Burg *(44 Zi. | Tel. 03153 200200 | www.hotel-riegersburg.at | €€).*

HARTBERG

(123 E1) *(M L5)* **In Hartberg (6600 Ew.) begegnen Sie der Geschichte auf Schritt und Tritt. Was nicht verwunderlich ist: Die Gegend um die Metropole der Oststeiermark hat eine gut 3000-jährige Besiedlungsgeschichte.**

Wer durch die engen Gassen und vorbei an den Resten einst wehrhafter Mauern spaziert, fühlt sich leicht in die Vergangenheit versetzt. Die historischen Sehenswürdigkeiten der Stadt lassen sich bequem zu Fuß entdecken. Entspannen können Sie danach in einem der vielen kleinen Gastgärten. Die internationale Vereinigung ☺ *città slow* hat Hartbergs Bemühungen um Regionalität und Nachhaltigkeit honoriert und die Stadt in ihren Kreis der lebenswerten Städte aufgenommen *(www.cittaslow.info)*.

Hartberg ist auch ein guter Ausgangspunkt für Entdeckungsfahrten durch den Naturpark Pöllauer Tal, das Joglland, das Almenland und das Apfelland.

SEHENSWERTES

INNENSTADT

Historie, wohin das Auge schaut: Von der einst imposanten Stadtmauer stehen u. a. noch die Wehrtürme *Reckturm* (im Schlosspark) und *Schölbingerturm* (am Stadtteich). Am oberen Ende des Parks finden Sie *Schloss Hartberg,* begründet im 12. Jh., Wohnstätte der späteren Stadtherren von Hartberg (nur von außen zu besichtigen). Zwei weitere lohnenswerte Ziele sind die barock anmutende *Stadtpfarrkirche* mit dem Hartberger Karner sowie das *Rathaus* von 1898 (am Hauptplatz). Hintergrundwissen zur Stadtgeschichte vermittelt das *Städtische Museum (Mi–So 10–16 Uhr | Eintritt 4 Euro | Herrengasse 6)*.

INSIDER TIPP ▶ KARNER

Ein Karner ist eine Friedhofskapelle mit angeschlossenem Bestattungswesen. Der Hartberger Karner – bedeutendster spätromanischer Bau der Oststeiermark – steht unmittelbar bei der Kirche. Sein Untergeschoss (13. Jh.) war ehemals ein „Beinhaus" – sprich, an diesem Ort wurden die Toten aufgebahrt. Das Obergeschoss diente als Taufkapelle. In den Jahren 1889–94 wurde der Karner umfassend renoviert. Dabei wurden die romanischen Fresken im Inneren teilweise neu angelegt: Die Originalbilder waren mit Kalk übertüncht und dadurch zerstört worden. *Tgl. (ggf. im Pfarrhof nachfragen) | Hauptplatz 11*

ESSEN & TRINKEN

RESTAURANT VINOTHEK PUSSWALD

Ausgezeichnetes Lokal, in dem man keine Berührungsängste mit mediterraner oder asiatischer Küche hat. Auch vier sehr schöne, moderne Zimmer *(€€)*. *So, Mo geschl. | Grazer Str. 18 | Tel. 03332 6 25 84 | www.restaurant-pusswald.at | €€*

ZUM BRAUHAUS

Zentraler, alteingesessener Gasthof mit Spezialitäten der Steirer und Wiener Küche. Hier können Sie auch übernachten *(€)*. *Mo geschl. | Wiener Str. 1 | Tel. 03332 6 22 10 | www.brauhaus.co.at | €€*

AM ABEND

HOTEL SONNE

Das Café und die Bar im Hotel Sonne sind zwei der Treffpunkte innerhalb der kleinen Stadt. Am Abend gibt sich die Bar elegant, Cocktails und Zigarren holen die weite Welt nach Hartberg. Kleiner Gastgarten direkt am Hauptplatz. *Mo–Do 7–24, Fr, Sa bis 1, So bis 22 Uhr | Hauptplatz 9 | www. diesonne.at*

ÜBERNACHTEN

ALTER GERICHTSHOF

Ein historisches Haus mitten im Zentrum, das aufwendig in ein charmantes, familiäres Gästehaus umgewandelt worden ist. Besonders empfehlenswert sind die vier Mansardenzimmer: Poppige Farben kontrastieren mit stilvollem Interieur. *16 Zi. | Herrengasse 4 | Tel. 03332 6 33 56 | www.hotel-altergerichtshof.at | €€*

BAUERNHOF KAINER-MUHR

Nur wenig außerhalb der Stadt, dafür mitten im Grünen können Sie bei Familie Kainer-Muhr Urlaub auf dem Bauernhof machen und im nahe gelegenen Steinbach nach Süßwasserkrebsen suchen. *3 Zi. | Flattendorf 29 | Tel. 03332 6 34 27 | kainer-muhr-hartberg-steiermark.hotel webseite.at | €*

AUSKUNFT

TOURISMUSVERBAND HARTBERG

Rochusplatz 3 | Hartberg | Tel. 03332 66 50 50 | www.hartberg.at

ZIELE IN DER UMGEBUNG

ALMENLAND � (122 C1) (*ⓜ J–K5*)

Das größte zusammenhängende Almweidegebiet in ganz Europa. Der Naturpark erstreckt sich vom Rabenwald im Osten bis zur **INSIDERTIPP** **Bärenschutzklamm** im Westen, die zu einer besonders eindrucksvollen Wanderung einlädt *(Rundtour ab Bahnhof Mixnitz, 14 km, 5 Std.)*. Neben Pferden und Schafen weiden auf den Wiesen jeden Sommer auch knapp 4000 Almochsen, die schließlich als regionale Spezialität auf dem Teller landen. Die entsprechenden Gerichte und Menüs sollten Sie unbedingt bei einem der **INSIDERTIPP** **Almenlandwirte** probieren! Auf dem weiten Hochplateau der Almen können Sie vortrefflich wandern, außerdem gibt es ein breites Sportprogramm – vom Reiten oder Klettern im Sommer bis hin zum Schneeschuhwandern oder Eisstockschießen im Winter ist alles dabei. *www.almenland.at*

PÖLLAU (123 E1) (*ⓜ L5*)

Die ehemalige Stiftskirche im Ort (2100 Ew.) ist die größte barocke Kirche der Steiermark. Weil ihr Grundriss dem Petersdom in Rom nachempfunden wurde, wird sie auch „Steirischer Petersdom" genannt. Nach dem Kirchgang empfiehlt es sich, unbedingt ein **INSIDERTIPP** **hausgemachtes Eis** in der *Lebzelterei Ebner* zu probieren. Die Konditorei stellt seit drei Generationen Süßes nach alten überlieferten Rezepten her *(Do geschl. | Lamberggasse 31)*. Versäumen Sie nicht, im Anschluss noch den Naturpark Pöllauer Tal zu erkunden. Kulinariker begeben sich auf die Spuren der Hirschbirne, einer alten Birnensorte, die hier zu köstlichen Säften, Bränden, Marmeladen und Dörrobst verarbeitet wird *(z. B. Hirschbirnwanderweg ab Schlosspark Pöllau | 12 km | 4,5 Std.)*. ● Gartenfreunde können den Besuch in insgesamt zehn prachtvollen, frei zugänglichen Themengärten genießen *(Pöllauberg, Rundweg „Gartenreise" | 2km | 45 min.)*. *Tourismusverband Naturpark Pöllauer Tal | Tel. 03335 42 10 | www.naturpark-poellauertal.at*

STIFT VORAU (121 E4) (*ⓜ L5*)

Das Augustiner-Chorherrenstift, gegründet 1163, besitzt einen der schönsten Bibliothekssäle Österreichs. Auch sehenswert ist die Kirche, die selbst für die Maßstäbe des überschwänglichen Barock opulent ausgestaltet ist. *Klosterführungen nach Voranmeldung und Kurzführungen: Tel. 3337 23 51 | www.stift-vorau.at | 22 km entfernt*

In Vorau sind Sie bereits im sogenannten Joglland, einer beschaulichen Gegend mit zahlreichen Wäldern. Hier können Sie **INSIDER TIPP** auf ❄ **Wegen mit besonders schöner Aussicht wandern**, ohne nach kurzer Zeit konditionell überfordert zu sein. Wanderinfos unter *www.joglland-waldheimat.at.*

STUBENBERGSEE (123 E1–2) (*m̂ L5*)

Ein herrlich unverbauter Badesee *(Eintritt 5 Euro)* mit riesigen Liege- und Spielwiesen. In unmittelbarer Nähe befindet sich ⭐ *Schloss Herberstein,* dramatisch in eine enge Klamm gezwängt und von der Straße aus uneinsehbar. Obwohl die Schlossherrin es nicht so gerne hört, wirkt Herberstein nicht nur von außen in vielerlei Hinsicht wie eine Burg. Erbaut wurde es im 13. Jh. Ebenso lange wohnen die Herbersteins hier, die es allmählich und durch alle Stilepochen hinweg zu einem repräsentativen Schloss ausgebaut haben. Bis auf die privaten Abschnitte, sind sowohl das Schloss als auch seine wunderschönen historischen Gärten zu besichtigen. Darüber hinaus gehört noch ein Tierpark zur Anlage. *(Mai–Sept. tgl. 9–17 Uhr, Okt.–April zumindest wochenends 10–16 Uhr | Eintritt 14 Euro | www.herberstein.co.at).*

● Ballonfahren ist aufgrund der häufig stabilen Wetterlagen ein großes Thema in der Region und natürlich geht man hier auch gern mit Besuchern in die Lüfte *(ganzjährig | www.apfelwirt.at).*

Besuchen sollten Sie auch das nahe gelegene Apfeldorf Puch. Es bildet das Zentrum der Apfelstraße, die vor allem im Frühjahr zur Blüte spektakulär anzuschauen ist. Hier sollten Sie unbedingt beim Kirchenwirt Hofer einkehren *(Mo geschl. | www.kirchenwirt-puch.at),* der Sie mit Apfelspezialitäten verwöhnt. *Informationen beim Tourismusverband Apfelland | Tel. 03176 88 82 | www.apfelland.info*

Ein Jahrtausend Buchgeschichte: Die Stiftsbibliothek Vorau bewahrt es in ihrer mächtigen Halle

MUR- & MÜRZTAL

Die Mürz kommt aus dem Osten und fließt bei Bruck in die aus dem Westen kommende Mur. So teilen die beiden Flüsse die Steiermark auf ihrer ganzen Länge und schaffen ein liebliches Tal.

Für zwei Dinge sind das Mur- und das Mürztal gleichermaßen bekannt: für Waldreichtum an den voralpinen Hängen und die gigantischen Industrien, die sich im Einzugsgebiet der Erzberge und anderer Bergwerke angesiedelt haben. Beides ist eng miteinander verknüpft: Gäbe es hier nicht so viel Energie in Form von Wald und Wasser, hätte sich die Erzverarbeitung woanders angesiedelt. Lassen Sie sich davon aber nicht abschrecken. Im Gegensatz zu anderen Industriegebieten ist die Natur in den Tälern noch wunderbar intakt. In der Nachbarschaft der Eisen- und Stahlwerke finden Sie eine Landschaft mit saftigen Wiesen und sauberen Flüssen.

LEOBEN

(120 B4) (⌖ H5) Knapp bevor sich die Mur mit der Müritz vereinigt, liegt Leoben. Die zweitgrößte Stadt der Steiermark (24 600 Ew.) ist seit dem Mittelalter ein Zentrum der Eisen- und Schwerindustrie.

Viele Betriebe verarbeiten bis heute Eisen und Stahl – doch macht Leoben deshalb nicht den Eindruck einer Industriemetropole. Im Gegenteil: Die Stadt liegt eingebettet zwischen dichten Wäldern, ihre Altstadt ist wunderbar

Bild: Bruck an der Mur

erhalten. Leobens Architektur entführt bis ins Mittelalter und über die Zeit des Barock und der Belle Époque zurück in die Moderne. Zeitgenössische Akzente setzen die Kunsthalle, das neue Asia-Spa und das studentische Treiben in den Straßen.

SEHENSWERTES

ALTSTADT ★

Der *Schwammerlturm* ist das einzig erhaltene Stadttor. Der Name bezieht sich auf die pilzförmige Haube des Turms, den sie nach einem Erdbeben 1794 erhielt. Eine schnurgerade Straße führt am Turm und am Stadttheater vorbei zum beeindruckenden *Marktplatz*. Kunstgeschichtlich interessant sind die *Pestsäule* (1717), der *Engelsbrunnen* (1794) und der *Bergmannsbrunnen* (1799), der einen Bergknappen in maximilianischer Tracht darstellt. Von den Häusern am Hauptplatz verdient speziell das *Hacklhaus* (Nr. 9) mit seinen prachtvollen Barockverzierungen Beachtung.

GÖSS

Im Stadtteil Göss steht die Kirche des einstigen *Stifts Göss,* des ältesten österreichischen Benediktinerinnen-Klosters. Das Stift wurde um 1000 gegründet und 1782 aufgehoben. Eine frühromanische

Göttlich neben einer Brauerei gelegen: Kirche des Stifts Göss

Krypta, die Bischofskapelle mit frühgotischen Fresken (13. Jh.) und wunderbare Steinmetzarbeiten lohnen die Besichtigung. *Tgl. 11.30–17 Uhr*
Die Nonnen des Klosters brauten schon 1459 Bier. So verwundert es nicht, dass auf dem Gelände heute die Brauerei Gösser ansässig ist. Im *Braumuseum* können Sie sich geführt in die Materie vertiefen. *April–Okt. Sa, So 10 und 16 Uhr | Eintritt 9 Euro | Brauhausgasse 1 | www.goesser.at*

KUNSTHALLE UND MUSEUMSCENTER

Im Museumscenter ist die Industriegeschichte der Stadt und der Region spektakulär und innovativ aufbereitet. In der Kunsthalle findet jährlich eine große ethnologische Ausstellung statt, die bundesweit berühmt ist. Die Museen sind zum Teil im alten Jesuitenkloster, zum Teil in einem Anbau untergebracht. *Di–Do 9–18 Uhr | Kombikarte Kunsthalle und Museumscenter 12 Euro | Kirchengasse 6 | www.leoben.at*

ESSEN & TRINKEN

ARKADENHOF

In der ältesten Brauereigaststätte Leobens (1550) speist und trinkt man im geschlossenen Innenhof, in fast schon herrschaftlicher Atmosphäre. Klassische Küche: Rostbraten, Cordon bleu, Strudel. *Tgl. | Hauptplatz 11 | Tel. 03842 4 20 74 | www.arkadenhof.at | €–€€*

AUSZEIT

Silke und Gernot Hölzl kochen in ihrem Restaurant mitten im Zentrum fast ausschließlich mit ♻ regionalen Zutaten. Die Speisekarte ist bodenständig, aber dennoch innovativ: So hat man hier etwa die Steiramisunockerl kreiiert – steirisches Tiramisu mit Apfelmus. *So Abend, Mo geschl. | Straußgasse 5 | Tel. 03842 4 24 73 | www.restaurant-auszeit.com | €€*

EINKAUFEN

LEOBEN CITY SHOPPING – LCS

Im einstigen Dominikanerkloster am Hauptplatz befindet sich nun eine Einkaufsmall. *www.leobencityshopping.at*

FREIZEIT & SPORT

ASIA-SPA

Schicker Wellnesstempel im Stadtzentrum, der Asien in die Steiermark holt. Außen ist das Spa im Stil der chinesischen Mingdynastie gestaltet, innen bietet es alles, was ein Freizeitbad braucht, darunter mehrere Pools, Sole- und Lotosblütenbecken sowie eine sensationelle Saunawelt. Für Stressgeplagte: Gönnen Sie sich eine Shiatsu- oder Nuad-Thai-Massage. *4-Stunden-Karte 8 Euro, mit Sauna 19 Euro | In der Au 3 | www.asiaspa.at*

AM ABEND

NOBELBEISL HABAKUK
Ein Beisl ist ein Wirtshaus oder auch eine Kneipe. Hier finden sich viele Studenten ein. Das Haus verfügt über einen kleinen, aber sehr schönen Gastgarten. *Tgl. | Kirchplatz 2*

WEINLAUBE & VINOTHEK SCHWARZER HUND
Stadtheuriger im lauschigen Innenhof. *So geschl. | Hauptplatz 10*

ÜBERNACHTEN

GASTHOF ZUM GREIF
Die Gästezimmer im alten Wirtshaus (auch vorzügliche Küche) sind sehr gemütlich. Der Gasthof hat gefühlte Vier-Sterne-Qualität – von außen sieht man das dem Haus allerdings nicht an. *13 Zi. | Waasenstr. 5 | Tel. 03842 2 14 86 | www.zum-greif.at | €€*

AUSKUNFT

TOURISMUSVERBAND LEOBEN
Peter-Tunner-Str. 2 | Leoben | Tel. 03842 48 14 80 | www.tourismus-leoben.at

ZIELE IN DER UMGEBUNG

BRUCK AN DER MUR (120 B4) (*Ø J5*)
Die Stadt (12 800 Ew.) war schon im Mittelalter ein bedeutender Handelsplatz. Besonders sehenswert ist der schön restaurierte Hauptplatz mit dem *Kornmesserhaus,* einem spätgotischen Gebäude mit venezianischen Einflüssen. Gehen Sie hoch zum ☀ *Schlossberg,* dort haben Sie eine schöne Übersicht über die gesamte Altstadt. Nach dem Stadtbummel empfiehlt sich die Einkehr im nostalgischen **INSIDER TIPP** ▶ *Baderhaus* an der Mur *(So/Mo geschl. | Schiffländ 15 | Tel. 03862 3 33 33 | www.baderhaus.at). 18 km entfernt*

RED BULL RING SPIELBERG
(119 F4) (*Ø G5*)
Das ehemalige Formel-Eins-Gelände ist wieder Austragungsplatz verschiedener Motorsportveranstaltungen wie der DTM. Racing-Fans gibt man hier zwischen April und Oktober zudem die Möglichkeit, sich selbst hinters Lenkrad eines Formelautos, Sportwagens, Offroadfahrzeugs oder Motorrads zu klemmen und Rennluft zu schnuppern. *www.projekt-spielberg.at*

⭐ **Altstadt Leoben**
Mittelalterliche Bergwerksstadt, aufgepeppt mit moderner Architektur → S. 71

⭐ **Abenteuer Erzberg**
Erst geht es in die Stollen hinunter, dann mit dem Truck über die Erzberge: ein Riesenspaß für alle → S. 74

⭐ **Semmeringbahn**
Unesco-Weltkulturerbe: Unterwegs mit der ersten Gebirgsbahn der Welt → S. 76

⭐ **Mariazell**
Die wichtigste Wallfahrtskirche Österreichs und seiner ehemaligen Kronländer → S. 76

MARCO POLO HIGHLIGHTS

STEIRISCHE EISENSTRASSE
(120 A–B 3–4) (*J3–H5*)

Ausgehend vom Erzberg durchdrang die Eisen verarbeitende Industrie im Mittelalter die Täler bis ins Murtal und nach Nieder- und Oberösterreich. Die Steirische Eisenstraße erinnert daran: Sie führt von Leoben nach Gußwerk (bei Mariazell) – eine Strecke von rund 140 km. Sie bekommen einen guten Einblick in die Vergangenheit. *www.eisenstrasse.co.at*

Ursprung der gigantischen Industrie, denn hier existieren Erzlagerstätten, in denen heute noch gefördert wird. Wie es ist, in die Grube zu fahren, erleben Sie am eigenen Leib bei einem Besuch im ★ Abenteuer Erzberg. Mit einem ehemaligen Mannschaftszug geht es ca. 1500 m tief ins Innere des Erzbergs. Dort können Sie durch aufgelassene Stollen wandern, eine nachgestellte Sprengung miterleben oder mit dem Hauly, einem

Bei den Besuchern der Steirischen Eisenstraße schwer beliebt: eine Tour mit dem Hauly

Sehenswert ist gleich zu Anfang der Leobener Ortsteil **INSIDER TIPP** *Donawitz*, der von den Werksanlagen der ● *Voest-Alpine*, eines der führenden Stahl verarbeitenden Unternehmens Europas (*Werksführungen möglich, ca. 2 Wochen vorher vereinbaren | Eintritt frei | Tel. 050304 25 41 05*) dominiert wird. Rundum bekommen Sie außergewöhnliche Arbeiterwohnheimarchitektur und eine einzigartige Kirche im Industriestil aus den 1950ern (*Pfarrkirche zum hl. Josef*) zu sehen.
In *Eisenerz* (nach 15 km) sind Sie im

860 PS starken Schwerlastkraftwagen, über den Tagebau brettern (*Mai–Okt. tgl. 10–15 Uhr | Anmeldung erforderlich | Tickets ab 15 Euro | Tel. 03848 32 00 | www.abenteuer-erzberg.at*). 33 km entfernt

STIFT SECKAU (119 F4) (*G5*)
Das ehemalige Augustiner-Chorherrenstift aus dem 12. Jh. gilt als eines der Wahrzeichen der Steiermark. Auf einer Hochebene über dem Murtal bei Knittelfeld gelegen, ist das Stift bekannt für sein Gymnasium und berühmt für seine Basilika.

Die ursprünglich romanische Basilika wurde nach einem Brand mit einem Kreuzgewölbe versehen, das gegen Ende des 15. Jhs. zum spätgotischen Sternengewölbe umgestaltet wurde. Bemerkenswert ist die frühe Kreuzigungsgruppe im Chor: Maria und Johannes wurden um 1150, die Christusfigur um 1220 geschaffen. Der Innenhof ist eine der schönsten Renaissanceanlagen der Steiermark. Außen prägt eine frühbarocke Fassade das Stiftsgebäude. *(Führungen Mai–Okt. tgl. 11 und 14 Uhr | Eintritt 5 Euro | Tel. 03514 5 23 40 | www.abtei-seckau.at). 35 km entfernt*

INSIDER TIPP ▸ **WIPFELWANDERWEG RACHAU** ⚘ *(120 A5)* *(⊞ K5)*

Sind Sie schwindelfrei? Dann wandern Sie doch einmal auf Höhe der Baumwipfel und genießen Sie den Weitblick. Das tun Sie natürlich bestens gesichert: Die 350 m lange Lärchenkonstruktion, die Sie in der Rachau (Region Gleinalm) bis auf 25 m Höhe bringt, ist massiv und solide gebaut *(April–Okt. tgl. | 9 Euro | Mitterbach 25 | Rachau | Tel. 03512 4 45 99 | www.wipfelwanderweg.at). 34 km entfernt*

MÜRZZU-SCHLAG

(121 D2) *(⊞ K4)* **Das Städtchen (8800 Ew.) wirkt kleiner, als es tatsächlich ist. Das liegt wohl an seiner winzigen, wenn auch lebhaften Innenstadt.**

Das Zentrum besteht im Wesentlichen aus dem Hauptplatz mit Häusern in knalligen Farben und dem Stadtplatz mit einem modernen Hotelkomplex. Umschlossen wird die kleine Stadt von Bauernhöfen, Wiesen und Wäldern.

Die kleine Stadt ist der Hauptort des Mürztals und sommers wie winters ein beliebtes Urlaubsziel. Selbst Johannes Brahms war hier 1894 und 1895 zur Sommerfrische, er komponierte in dieser Zeit seine 4. Sinfonie. Hinweise auf Brahms und seine Musik finden sich überall in der Stadt.

SEHENSWERTES

AUSSTELLUNGSWELTEN

Vom Heimatdichter Peter Rosegger bis zu den Ursprüngen des Skilaufs: Gleich in fünf Museen und Ausstellungen präsentiert Mürzzuschlag seine Geschichte und Geschichten. Die weltweit umfangreichste Dokumentation zum Thema Schnee, Berg und Sport birgt das *Wintersportmuseum (Di–So 9–12.30 und 14–17 Uhr | Eintritt 5 Euro | Wiener Str. 13)*. Der Sommerfrische des berühmten Komponisten wurde mit dem *Brahmsmuseum* ein Denkmal gesetzt. Mit Originalexponaten (Streicherflügel) und origineller Didaktik (Komponierspiel) beleuchtet die Schau den Menschen und Musiker gleichermaßen *(Mai–Sept. tgl. 10–12 und 14–17, Okt.–April Do–So 10–12 und 14–16 Uhr | Eintritt 4 Euro | Wiener Str. 4). www.ausstellungswelten.at*

ESSEN & TRINKEN

GASTHOF LENDL

Traditionell und bodenständig, sowohl in der Einrichtung als auch bei den Speisen. Viele Lebergerichte auf der Karte. Günstige Zimmer *(€)*. *Mo geschl. | Grazer Str. 77 | Tel. 03852 22 26 | www.gasthoflendl.at | €*

EINKAUFEN

BAUERNMARKT

Hier finden Sie Produkte aus der Region: Wurst, Speck, Käse, Brot, Honig, Marmeladen, saisonales Gemüse und manchmal auch bäuerliches Kunsthandwerk. *Samstag Vormittag | Stadtplatz*

FREIZEIT & SPORT

SEMMERINGBAHN ★ ☼

Über 150 Jahre ist die Semmeringbahn alt. 1854 wurde sie nach sechsjähriger Bauzeit als erste Gebirgsbahn Europas eröffnet. Ihre 41 km lange Strecke führt von Gloggnitz nach Mürzzuschlag und muss dazu den Semmering überwinden – jenen Gebirgspass, der Niederösterreich von der Steiermark trennt. Die Bahn durchquert auf ihrer Fahrt 14 Tunnel, passiert 16 teilweise zweistöckige Viadukte und überwindet Steigungen von bis zu 25 Prozent: eine meisterliche Ingenieursleistung, die 1998 mit dem Weltkulturerbetitel der Unesco gewürdigt wurde.

Eine Fahrt mit der Semmeringbahn ist heute noch möglich. Sie führt durch eine faszinierende Landschaft und vorbei an prachtvollen Villen und zahlreichen historischen Gebäuden wie dem Schloss Gloggnitz. Alternativ dazu können Sie die Strecke aber auch zu Fuß erkunden. Dazu fahren Sie mit der Bahn von Mürzzuschlag *(mehrmals tgl. | Fahrtdauer knapp 20 Min.)* bis zum Bahnhof Semmering auf 896 m und wandern von dort zurück. Der ☼ *Bahnwanderweg*

(17,2 km | 4–5 Stunden Gehzeit) führt Sie gemütlich und meist bergab nach Mürzzuschlag, Panoramaausblicke auf die Landschaft und Bahnstrecke inklusive. *www.semmeringbahn.at*

ÜBERNACHTEN

HOTEL-RESTAURANT WINKLER

Der Platzhirsch direkt am Stadtplatz präsentiert sich trendig. Auch im empfehlenswerten Restaurant sind Interieur und Speisekarte topmodern. *28 Zi. | Stadtplatz 3 | Tel. 03852 4 20 00 | www.hotel-winkler.at | €€*

AUSKUNFT

TOURISMUSVERBAND MÜRZZU-SCHLAG

Wiener Str. 9 | Mürzzuschlag | Tel. 03852 33 99 | www.muerzzuschlag.at

ZIELE IN DER UMGEBUNG

MARIAZELL ★ (120 C1) (ⓜ J3)

Am Anfang (1157) stand eine kleine Zelle, die ein Benediktinermönch seiner geliebten Marienstatue zum Dank für ein Wunder gebaut hatte – daher auch der Name. Zum Pilgerziel aber wurde Mariazell, als Kaiser Ferdinand III. die Gottesmutter im Jahr 1647 zur Patronin Österreichs ausrief und Mariazell zur Hauswallfahrt der Habsburger und zum Reichsheiligtum ernannte. Damals wurde die Kirche modernisiert und erhielt ihr heutiges Erscheinungsbild mit den beiden barocken Türmen zu Seiten des gotischen Mittelturms *(www.basilika-mariazell.at)*.

Mariazell ist der wichtigste Wallfahrtsort in Österreich, die Pilger kommen auch aus allen Himmelsrichtungen zu Fuß. In der Gnadenkapelle ist die kleine hölzerne Marienstatue untergebracht, die mit einem Prachtgewand bekleidet ist und in der Volksfrömmigkeit eine große Rolle spielt.

LOW BUDGET

▶ Günstig und gut essen Sie im umwerfend schönen Jugendstilsaal des *Werkshotels Donawitz (tgl. | Pestalozzistr. 92 | www.3goldenekugeln.at). Menüs ab 4 Euro*

▶ Jugend- und Familiengästehäuser *(www.jufa.at)* gibt es in der ganzen Steiermark. Hier können Sie zum Teil sehr günstig und zudem außergewöhnlich schön wohnen.

Im Ort rund um die Basilika (1500 Ew.) können Sie sich mit Met, Bitterlikör, Lebkuchen, Wachskerzen und Holzschnitzereien eindecken. *50 km entfernt*

INSIDER TIPP POGUSCH
(120 C3) (*J4*)

Der Pogusch ist ein niedriger Pass auf dem Weg von St. Lorenzen im Mürztal nach Turnau. Hier hat das bekannte Wiener Restaurant Steirereck seine Dependance in einem unglaublich romantischen Landgasthaus. Das Essen ist mindestens so gut wie im Original. Unbedingt reservieren! *(Wirtshaus am Pogusch | Mo–Mi geschl. | Pogusch 21 | Turnau | Tel. 03863 20 00 | €€).*

Vor der Einkehr sollten Sie jedoch die leichte Wandertour auf dem *Bründlweg* machen *(10 km / 3,5 Std.)*, die vortrefflich ausgeschildert ist. Die Aussichten sind berückend, egal ob ins Murtal oder zum Hochschwab. Falls Sie über Nacht bleiben mögen: In ausgesuchten Herbergen *(www.romantikzimmer.at)* schlafen Sie wie anno dazumal mit Himmelbett und Kamin. *37 km entfernt*

INSIDER TIPP STIFT NEUBERG
(121 D2) (*K3*)

Kunstkenner bezeichnen die Abtei bei Neuberg an der Mürz als früheste einheitliche Hallenanlage innerhalb der österreichischen Gotik. Die Kunstwerke im Inneren stammen jedoch aus späteren Zeiten. So wurde z. B. die berühmte *Neuberger Madonna* im Barock gefertigt, der Hochaltar stammt aus der Renaissance. Mit seinem Kreuzgang, dem Kapitelsaal und der Stiftergruft ist das Stift ein beeindruckender Bau und ein Ort, der zutiefst berührt. *12 km entfernt*

WALDHEIMAT ● (121 D3) (*K4*)

In seinem autobiografischen Buch „Waldheimat" erzählt der steirische Hei-

Mariazell: Ziel von zahlreichen Pilgern und Touristen

matdichter Peter Rosegger (1843–1918) die Geschichte seiner Kindheit als armer Waldbauernsohn. Schauplatz der Handlung ist eine zurückgezogene Region in den Fischbacher Alpen, der das Buch ein Denkmal setzt. In *Alpl*, wo Roseggers Geburtshaus und Schule stehen *(April–Okt. Di–So 9–16 Uhr, Nov.–März eingeschränkte Öffnungszeiten)*, ist es heute noch genauso einsam wie zu Zeiten des dichtenden Bauernsohns. 1877 zog es Rosegger in seine Waldheimat zurück: Nach Aufenthalten im Ausland ließ er für sich und seine Familie ein Haus in *Krieglach* erbauen, das heute ein Museum ist *(Öffnungszeiten wie oben | Kombiticket für Rosegger-Gedenkstätten 4 Euro | Roseggerstr. 44). 20 km entfernt*

MURAU

(118 C5) *(𝄞 E6)* **Wildromantisch am Ufer der rauschenden Mur erhebt sich das kleine Städtchen (2100 Ew.) an der Kreuzung mittelalterlicher Handelswege.** Einst sehr bedeutend, scheint sich Murau heute in einer Art Dornröschenschlaf zu befinden. Hier können Sie historische Marktplätze ohne einschnürende Neubauringe entdecken.

SEHENSWERTES

ALTSTADT

Gleich zwei ausladende Plätze sind die Wahrzeichen der Stadt: Am *Hauptplatz* (auch Schillerplatz genannt) fällt ein Ensemble von drei Häusern auf, die um 1600 erbaut worden sind. Über die schier endlose *Anna-Neumann-Straße*,

ebenfalls gesäumt von vielen historischen Bauten, von denen einige erfreulicherweise „beschriftet" sind, gelangen Sie zum lang gestreckten *Raffaltplatz*. An dessen Ende finden Sie das Fabrikgelände der Brauerei Murau mit dem *Braumuseum (Führungen Mai–Juni sowie Okt. Fr 15–17, Juli–Sept. Mi und Fr 15–17 Uhr | Treffpunkt vor der Brauerei am Raffaltplatz | Tel. 03532 32 66 58).* Auf der anderen Seite der Mur ist mit dem *Friesachertor* eines der sieben Stadttore (14. Jh.) erhalten geblieben. Von diesem, dem rechten Ufer der Mur haben Sie einen guten Blick auf die Altstadt und die Reste der Stadtmauer.

SCHLOSS MURAU 🌿

Das Renaissanceschloss (17. Jh.) wurde an der Stelle gebaut, an der sich einst die Burg Murau befand. Die Anlage ist exponiert auf einem Berg gelegen. Besonders sehenswert sind neben der Kapelle mit gotischen Fenstern im Mittelteil des Osttrakts, der Eisen-, Katzen- und Rittersaal sowie das alte Verlies der Burg. *Führungen Juni–Sept. Mi, Fr 14 Uhr | 3 Euro | Treffpunkt Innenhof des Schlosses | Tel. 03532 23 02 58*

Die Altstadt von Murau besticht durch viele historische Gebäude

ESSEN & TRINKEN

GASTHOF BÄRENWIRT

Gemütlicher Gasthof mit Zimmern *(€)* im Herzen der Altstadt. Terrasse mit Blick ins Grüne, steirische Traditionsküche, darunter auch einige vegetarische Spezialitäten. *Tgl. (in der Nebensaison Sa geschl.) | Schwarzenbergstr. 4 | Tel. 03532 20 79 | €*

FREIZEIT & SPORT

INSIDER TIPP ▸ FREIBAD MURAU ●

Im Naturteich mit Sprungbrett, Badeinsel und Wasserrutsche können Sie wunderbar baden. *Juni–Aug | Eintritt 2,50 Euro | Tel. 03532 4 47 77*

AM ABEND

OPEN SPACE

Scheinbar frei schwebend streckt sich die Cafélounge dem Wasser entgegen. 12 m weit und 9 m hoch ragt die ❄ Terrasse über die Murpromenade. *Tgl. | Schillerplatz 2 | Tel. 03532 22 11 | www.openspacemurau.at*

ÜBERNACHTEN

HOTEL GASTHOF LERCHER

Stilvolles Haus in der Altstadt, seit 1704 als Hotel geführt. Die Zimmer sind großzügig, die Küche im Abendrestaurant *Lerchers Panorama* auf höchstem Niveau. Zum Hotel gehört ein Wellnessbereich. *50 Zi. | Schwarzenbergstr. 10 | Tel. 03532 24 31 | www.lercher.com | €€*

AUSKUNFT

TOURISMUSVERBAND MURAU-KREISCHBERG

Liechtensteiner Straße 3–5 | Murau | Tel. 03532 27 200 | www.murau-kreischberg.at

ZIELE IN DER UMGEBUNG

HOLZMUSEUM ST. RUPRECHT

(118 B5) (*∅ E6*)

Ein schöner Tagesausflug führt mit der Murtalbahn nach St. Ruprecht *(mehrmals tgl. | ca. 20 Min.)*, wo Sie zunächst das *Museum* besuchen *(April–Okt. tgl. 10–16 Uhr | 7,50 Euro)* und danach im INSIDER TIPP ▸ *Holzkistl-Shop* schöne Souvenirs einkaufen können. Anschließend schwingen Sie sich aufs Rad, das Sie von Murau mitgenommen haben *(Intersport Pintar | Bundesstr. 7a | Tagesmiete 11 Euro)*, und fahren gemütlich auf dem Murradweg wieder zurück. *12 km entfernt*

KRAKAU (118 B–C4) (*∅ D6*)

Rumpelige Straßen und wuchtige Gehöfte, deren Stall, Scheune und Wohnhaus noch in alter Bauweise aus Stein und Holz errichtet sind; dahinter Berge, die über die Waldgrenze hinaus reichen: Die Krakau ist eine jener Regionen, in denen die Zeit stehen geblieben zu sein scheint. Sie können hier wunderbare Wanderungen unternehmen, Gipfeltouren auf die 2000er der Umgebung oder gemütliche Spaziergänge zu diversen Seen. Individuelle Tourentipps bei der Tourismusinfo Krakau-Hintermühlen *(Tel. 03535 86 06 | www.kraukau.de)*. *44 km entfernt*

STIFT ST. LAMBRECHT (119 D5) (*∅ E6*)

Die über 900 Jahre alte Benediktinerabtei steht im Naturpark Zirbitzkogel-Grebenzen. Errichtet wurde sie im 11. Jh., die Weihe der gotischen Stiftskirche erfolgte 1421. Bei Führungen können Sie das Museum mit kunsthistorischen und volkskundlichen Sammlungen besichtigen *(Führungen Mitte Mai–Mitte Okt. Mo–Sa 10.45 und 14.30, So 14.30, Winterführungen Di, Sa 10.45 Uhr | 7 Euro | Treffpunkt Stiftstor/Klosterpforte | Tel. 03585 23 05 29 | www.stift-stlambrecht.at)*. *10 km entfernt*

ALPINE STEIERMARK

Wild rauschende Wasser stürzen hinunter ins Tal – hinein in die Alpenwelt mit ihren Tannenwäldern und klaren und kühlen Seen. Weiter oben ragen Felswände in den tiefblauen Himmel. Selbst im Sommer sind ihre Gipfel noch von Schnee bedeckt. Und am Horizont in weiter Ferne erhebt sich das Dachsteinmassiv über die Landschaft.

Je weiter Sie in den Nordwesten kommen, desto wilder, schroffer und auch steiler wird die Steiermark. Ihre beeindruckendsten und dramatischsten Landschaften heißen Dachstein, Schladminger Tauern, Totes Gebirge und Ennstaler Alpen. Am besten erkunden Sie die Gegend zu Fuß oder mit dem Fahrrad – und genießen so die herbe Schönheit der Natur aus unmittelbarer Nähe.

AUSSEERLAND

(118 A–B 1–2) (◻ D3–4) Schon Sigmund Freud und Hugo von Hofmannsthal waren von den Bergwiesen und Seen des Ausseerlands so begeistert, dass sie immer wiederkamen.

Ab Mitte des 19. Jhs. lebte der steirische Teil des Salzkammerguts zunehmend vom Flair der Sommerfrische, der zunächst Künstler und Intellektuelle anzog. Heute kommen wohlbetuchte Städter und mancher, der in der Alpenabgeschiedenheit Inspiration sucht. Die Menschen der Region sind sehr traditionsverbunden. Tracht wird gerne getragen und das

Bild: Ennstal bei Admont

Majestätische Bergwelt, Wiesen und Seen: Unter schneebedeckten Gipfeln pflegt das Alpenvolk auch heute noch seine Traditionen

Brauchtum gefeiert. Schließlich hat man der Vergangenheit einiges zu verdanken: Denn lange vor den Touristen war es das Salz, das der Region zu Wohlstand verhalf. In Bergwerken zwischen Bad Aussee, Altaussee oder Grundlsee wurde das weiße Gold jahrhundertelang abgebaut.

SEHENSWERTES

ALTAUSSEE ⭐ (118 A1) (📖 D3)
In Altaussee stehen schmucke Villen. Die kleine Gemeinde (1800 Ew.) ist die Heimat vieler Literaten. Der Ort und der gleichnamige See liegen am Fuß des Sandlings, des ergiebigsten Salzbergs Österreichs. Der Berg war seit dem 12. Jh. die wirtschaftliche Grundlage der Region und während des Zweiten Weltkriegs ein Versteck für wertvolle Kunstschätze. Bei einer zweistündigen Führung durch die Stollen erzählt man Ihnen die Geschichte, wie die Kunst, von der salzhaltigen Luft gut konserviert, der Zerstörung durch die Wehrmacht entkam. Warme Kleidung einpacken, im Berg ist es kalt! *April–Okt.*

Von Altaussee reicht der Blick weit ins Salzkammergut

tgl. 9, 11, 13, 15, Juni–Aug. stdl. 9–16, Sonderführung ganzjährig Mi 19 Uhr | 15 Euro | Lichtersberg 25 | www.salzwelten.at
Um das Ufer des Altausseer Sees führt der Themenweg *Literatour*, der an 14 Stationen an große heimische Dichter und Denker wie etwa Friedrich Torberg oder Theodor Herzl erinnert *(ab/bis Literaturmuseum | ca. 1,5 Std.)*. Der See selbst bietet eine malerische Kulisse, wenn die Sonne über die steilen Flanken hereinfällt oder sich die Bergspitzen auf der glasklaren Oberfläche spiegeln. Zudem lädt er zum Baden ein.

BAD AUSSEE (118 A2) (*Ⓜ D3*)
Die Kurstadt (4900 Ew.) ist das wirtschaftliche und kulturelle Zentrum des Ausseerlands. Das Örtchen liegt idyllisch im Tal der Traun, eingebettet zwischen Totem Gebirge und Dachstein. Wenn im späten Frühjahr die Narzissen blühen, versinkt die Region in einer weißen Blütenpracht.

Die alte Bergwerksstadt verdankt ihre Entwicklung den reichen Salzvorkommen. Zur Verwaltung der Salinen baute man am Chlumeckyplatz 1 das sehenswerte Salzamt, auch *Kammerhof* genannt. Hier ist heute das Stadtmuseum beheimatet. Neben den vielen alten Häusern im Zentrum verdienen vor allem die romanische *Pfarrkirche St. Paul* (im gotischen Stil erweitert) sowie die innen wie außen rein gotische *Spitalskirche* Beachtung. Nach dem Kulturrundgang zieht es einen dann unweigerlich ins Einkaufsvergnügen, in den wenigen Straßen der Stadt werden Trachtenliebhaber und Bewunderer alten Kunsthandwerks fündig. Als Abschluss ein Muss ist die Einkehr in der *Kurkonditorei Lewandowsky-Temmel (tgl. | Kurhausplatz 14)*.

GRUNDLSEE (118 B1) (*Ⓜ D3*)
Die kleine Gemeinde (1290 Ew.) liegt am gleichnamigen See, dem größten der ganzen Steiermark. Seine Ufer sind

etwas weiter und sanfte Liegewiesen laden auf 14 km Uferlänge zum Badetag. Den schönsten Eindruck von diesem Teil des Ausseerlands erhalten Sie bei der ★ *3-Seen-Tour.* Start dieses romantischen Ausflugs ist die Anlegestelle Seeklause-Seehotel am Grundlsee. Hier nehmen Sie das Schiff und lassen sich auf Trinkwasser bis zum nördlichen Ende schippern. An der Anlegestelle in Gössl gehen Sie weiter zu Fuß; in gut 20 Minuten sind Sie am Toplitzsee, dem dunklen, geheimnisvollen Bergsee. Ein Motorboot bringt Sie von dort ans andere Ufer, wo Sie nach fünf Gehminuten am nahezu unberührten Kammersee stehen, der als Ursprung des Flusses Traun gilt.

Nach der Rückfahrt mit dem Motorboot kehren Sie am Toplitzsee in der Fischerhütte ein und **INSIDER TIPP** genießen einen Seesaibling *(Mi geschl.).* Nach dem Spaziergang zurück an den Grundlsee können Sie in Gössl das nächste Schiff zum Ausgangspunkt zurück nehmen. Oder Sie breiten Ihr Badetuch auf einer Wiese aus und fahren etwas später zurück. *Mai–Okt. Abfahrt Grundlsee tgl. 10.30, 11.45, 13.35, 14.45 Uhr nach Gössl, Boote am Toplitzsee je nach Bedarf | Dauer ca. 3 Std. (ohne Einkehr bzw. Badeunterbrechung) | komplette Tour 18 Euro | www.3-seen-tour.at*

ESSEN & TRINKEN

INSIDER TIPP BLAA-ALM

Der Gasthof mit Übernachtungsmöglichkeit *(€€)* liegt schon fast im Wald und ist gerade noch mit dem Auto zu erreichen. Sehr zu empfehlen ist der Wildteller, das Fleisch stammt aus der eigenen Jagd. Serviert wird auf der Sonnenterrasse oder im rustikal-modernen Stüberl. *Tgl. | Lichtersberg 73 | Altaussee (Richtung Loser Panoramastraße) | Tel. 03622 7 11 02 | www.blaa-alm.co.at | €€*

KNÖDLALM ● ● ⏱

Traditionsgasthaus und Biobauernhof. Saure und süße Knödel sind die Spezialität, dazu Tagesgerichte wie Ofenrohrbradl vom Schwein. Eigene Säfte und Schnäpse, die in der Gaststube gebrannt werden. *Mo–Mi Ruhetag, Do ab 20 Uhr Hüttnmusi | Knoppen 3 | Pichl-Kainisch | Tel. 03624 2 11 32 | www.urig.at | €*

RESTAURANT GRIMMINGWURZN

Ein preisgekröntes Traditionslokal in Bad Mitterndorf. Die Wirtsleute sind bodenständig geblieben, auch preislich. *Di, Mi geschl. | Tel. 03623 3132 | www. grimmingwurzn.com | €€*

EINKAUFEN

SEIDENHANDDRUCKE SEPP WACH

Im schnuckeligen Holzhaus werden die Stoffe im Obergeschoss von Hand bedruckt, in der unteren Etage können Sie im Verkaufsraum aus verschiedenen Tüchern, Schals und Schürzen wählen. *Bahnhofstr. 108 | Bad Aussee*

MARCO POLO HIGHLIGHTS

TRACHTENSCHMUCK

Wer im Alltag nicht unbedingt im Dirndl durch eine Großstadt laufen mag, ist mit einem dezenten Trachtenschmuckstück bestens bedient. Wenn Sie trotz der großen Auswahl nicht fündig werden, können Sie sich ein Schmuckstück nach eigenem Wunsch fertigen lassen. *Bahnhofstr. 103, Bad Aussee und Bräuhofstraße, Grundlsee | www.steiner-schmuck.at*

FREIZEIT & SPORT

BADEN UND WASSERSPORT ●

Sämtliche Naturseen im Ausseerland sind gratis zugänglich. Der im Sommer bis zu 25 Grad warme *Grundlsee* ist bei Familien wie bei Sportlern beliebt. Erstere erfreuen sich an den großzügigen Spielwiesen, vor allem am Gösslufer, zweitere schätzen die Surf-, Segel- und Tauchmöglichkeiten. Ruhe und Abgeschiedenheit finden Sie am *Altausseer See.* Baden können Sie hier in kleinen Kieselbuchten, zu denen Sie allerdings zu Fuß gehen müssen. Nehmen Sie den Seerundweg und werfen Sie Ihr Handtuch dort aus, wo es Ihnen gefällt. Naturfreunde baden im Ödensee, einem tiefdunklen Waldmoorsee mit einigen Badestellen. Die dicht bewachsenen Ufer bilden einen wunderbaren Rahmen.

GRIMMINGTHERME ●

Moderner Wellnesstempel mit sensationellen Ausblicken auf den Berg Grimming. Sieben Thermalbecken, acht Saunen und Dampfbäder und ein breites Wellnessangebot. *Tgl. 9–22 Uhr | Vier-Stunden-Karte mit Sauna 19 Euro | Neuhofer Str. 138 | Bad Mitterndorf | www.grimming-therme.com*

WANDERN

Fahren Sie hoch zum größten Seenhochplateau Europas, zur Tauplitzalm. Wenn im Sommer hier das Jungvieh weidet, erkunden Sie gemütlich die Alm bei der *Sechs-Seen-Tour:* Diese weist keine nennenswerten Höhenmeter auf, ist einfach zu gehen und trotzdem haben Sie das Gefühl, im Hochgebirge unterwegs zu sein. Sie kommen zur Alm

DER TOPLITZSEE

Der von steilen Felswänden eingefasste Toplitzsee ist aufgrund seiner Tiefe von über 100 m schon lange sagenumwoben. Wild wurden die Spekulationen nach dem Zweiten Weltkrieg, als einheimische Augenzeugen von Dutzenden im See versenkter Kisten berichteten. Gerüchte wurden laut, es könne sich um Kriegsbeute sowie die letzten Goldreserven des Dritten Reichs handeln. Sogar vom berühmten Bernsteinzimmer war die Rede. Das rief Glücksritter auf den Plan, von denen so mancher seine Suche nach Reichtum mit dem Leben bezahlte. Bei professionellen Tauchexpeditionen wurden Waffen und Bomben aus der Kriegszeit gefunden, außerdem jede Menge gefälschte Pfundnoten, mit denen die Nazis den britischen Geldmarkt überschwemmen wollten. Bei der letzten genehmigten Expedition 2000 wurde dann tatsächlich eine Blechkiste geborgen. Doch statt des erhofften Goldschatzes fanden sich darin nur Bierflaschenkronkorken und abgenagte Knochen. Offenbar wollten ein paar Einheimische die Schatzsucher an der Nase herumführen.

mit dem Auto *(Mautstraße 9,80 Euro pro PKW)* oder mit dem Bus *(mehrmals tgl. ab Bad Mitterndorf)*. Rechnen Sie für die ganze Runde, die auch abgekürzt werden kann, sechs Stunden ein – unterwegs gibt es Einkehrmöglichkeiten. Details auf der

der Eselalm *(Bad Mitterndorf | www. eselalm.at)* und donnerstags auf der Knödlalm *(Koppen 3 | Pichl-Kainisch | www.urig.at)*. Touristen sind gerne gesehen, aber in erster Linie spielt man für sich und die anderen Ausseer auf.

Bergfreunde kommen beim Wandern richtig auf ihre Kosten

Panoramawanderkarte des Ausseerlands oder online: *www.ausseerland.at*

AM ABEND

SALZHAUS
Die Disko ist der Treffpunkt der Jugend von Bad Ischl bis ins Ennstal. In der coolen Lounge fühlen sich bei einem Cocktail auch Ältere wohl. *Mi–Sa ab 17 Uhr | Sießreithstr. 165 | Bad Aussee | www.salzhaus.com*

VOLKSMUSIK
Wer Jodler, Landler und Steirer schätzt, darf sich freuen: Im Ausseerland trifft er auf Menschen, die die alten Klänge bis heute pflegen. Am schönsten zu erleben bei den Volksmusikabenden dienstags auf der Blaa-Alm *(Altaussee | www.blaa-alm.co.at)*, mittwochs auf

ÜBERNACHTEN

BAUERNHOF HAIM ☺
Ein Biobauernhof inmitten der Natur, weit abseits jedes Rummels. Die Zimmer sind frisch und fröhlich eingerichtet und in der kleinen Wellnessoase können Sie sich nach dem Saunagang entspannen. Eine sehr sympathische Herberge. *4 Zi. | Kainisch 25 | Pichl-Kainisch | Tel. 03624 23 30 | www.bauernhof-haim.at | €*

SEEVILLA ☀
In bester Lage am Ufer des Altausseer Sees liegt diese erstklassige Villa. Die komfortablen Zimmer verfügen alle über Balkone und einen herrlichen Ausblick auf den See. *52 Zi. | Fischerndorf 60 | Altaussee | Tel. 03622 713 02 | www. seevilla.at | €€€*

INSIDER TIPP ▶ **VILLA KRISTINA**

Eine dieser wunderbaren Villen, bei deren Anblick man sich sofort ins Ausseerland verliebt. Schöner Badeteich, herrlicher Park, Wohnzimmergemütlichkeit im Salon und auf den Zimmern. *11 Zi. | Altausseerstr. 54 | Bad Aussee | Tel. 03622 5 20 17 | www.villakristina.at | €–€€*

AUSKUNFT

TOURISMUSVERBAND AUSSEERLAND-SALZKAMMERGUT
Bahnhofstr. 132 | Bad Aussee | Tel. 03622 54 04 00 | www.ausseerland.at

NATIONAL-PARK GESÄUSE

(119 E2) (*M F–G4*) „Eine Sinfonie aus Fels und Wasser" wird das Gesäuse auch genannt: Wo sich die Enns im Lauf

der Jahrmillionen mit ihren schäumenden Wassermassen tief ins Kalksteingebirge eingegraben hat, ist ein hochalpines Durchbruchstal mit bis zu 1800 m aufragenden Steilwänden entstanden. Das Donnern und Sausen, mit dem sich der Fluss auf 16 km Länge seinen Weg durch den Kalkalpenstock gesucht hat, gab der Region ihren Namen: Gesäuse. Oder wie es im hiesigen Dialekt heißt: Xeis. Das Herzstück ist als Nationalpark geschützt. Die gesamte Alpenregion Gesäuse umfasst neben dem eigentlichen Nationalpark noch 13 Anrainergemeinden, darunter Admont, Hall oder St. Gallen, wo die Wasser auch ganz schön wild fließen.

SEHENSWERTES

BERGSTEIGERFRIEDHOF JOHNSBACH
(119 E2) (*M G4*)
Rund um das barocke Bergkircherl im kleinen Ort Johnsbach mitten im Nationalpark Gesäuse schmiegt sich der historische Bergsteigerfriedhof. Wer beim Klettern und Bergsteigen im Gesäuse starb, hat hier seine letzte Ruhe gefunden, und so manches tragische Bergsteigerschicksal ist auf den alten Grabsteinen zu lesen. Der Friedhof wurde so angelegt, dass man über den ins Tal reichenden Kirchengrat in einer Linie zum Großen Ödstein aufblickt.

PALFAUER WASSERLOCHKLAMM
(119 F1) (*M G3*)
Eine leicht begehbare Steiganlage mit stabilen Holztreppen und Hängebrücken führt durch die 900 m lange Klamm. Mit ihren schmalen Canyons, felsigen Hohlbecken und fünf Wasserfällen zählt die Wasserlochklamm zu den berauschendsten Naturschauspielen Österreichs. Denken Sie bitte daran, festes Schuhwerk mitzubringen! *Tgl. | April–Okt. | Eintritt 5 Euro | www.wasserloch.at*

Barocker Wissensspeicher: die prächtig dekorierte Bibliothek von Stift Admont

STIFT ADMONT ⭐ (119 D2) (*m F4*)

Das Benediktinerstift im kleinen Örtchen Admont (2600 Ew.) ist das älteste bestehende Kloster der Steiermark. Seine spätbarocke Bibliothek (1776) wird wegen ihrer Schönheit von manchem Bewunderer ehrfürchtig als „achtes Weltwunder" bezeichnet. Bemerkenswert ist vor allem der 70 m lange Büchersaal mit seinen 13 m hohen Decken. Wer seinen Blick hinaufschweifen lässt, entdeckt opulente Freskenmalereien aus dem 18. Jh. Wer dagegen in die großen Regale schaut, sieht nichts als Bücher: 70 000 Bände sind ausgestellt, der Gesamtbestand der Bibliothek umfasst jedoch 200 000 Bände, darunter finden sich mittelalterliche Handschriften und frühe Drucke. Zum Kloster gehören außerdem ein *Kunst-* und ein *Naturhistorisches Museum* sowie eine *Stiftspräsentation*. *April–Okt. tgl. 10–17 Uhr, Nov.–März auf Anfrage | Eintritt 9,50 Euro | Tel. 03613 23 12 60 01 | www.stiftadmont.at*

ESSEN & TRINKEN

GASTHAUS ZUM HARMONIKA WALDI

Günstige Jausenangebote, Brote, Sulzen oder Schafskäse mit Blattsalat. Kleiner, netter Gastgarten. *Mi geschl. | Wandau 9 | Hieflau | Tel. 03634 2 47 | www. xeiswaldi.at | €*

GASTHAUS ZUR ENNSBRÜCKE

Eines der beliebtesten Wirtshäuser der ganzen Region. *Di geschl. | Hall 300 | Hall bei Admont | Tel. 03613 22 91 | www. pirafelner.at | €€*

FREIZEIT & SPORT

BERGSPORT

Der Nationalpark Gesäuse ist gut mit Mountainbikestrecken, Wanderwegen, Berg- sowie zahlreichen Kletterrouten und -steigen erschlossen. Insgesamt elf Schutzhütten stehen dem müden Sportler als Zwischenstation und Zufluchtsort bei plötzlichen Wetterkapriolen zur Verfügung – und dienen natürlich auch als Ausgangspunkt für Gipfeltouren. Wer die Bergsteigerstiefel schnüren möchte, hat mit der *Kompass Wanderkarte 206 Nationalpark Gesäuse* die perfekte Orientierungshilfe dabei.

WASSERSPORT

Die wasserreichen Schluchten der Ennstaler Alpen bieten große Herausforderungen für Sportler: Rafting, Canyoning oder Kajak fahren in den eiskalten Wassern – da steigt der Adrenalinpegel. Auf der Enns raften Sie durch die tiefste Schlucht Europas, in der Salza paddeln Sie auf türkisgrünen Fluten Stärke Wildwasser 2–3 und am ● Erbsattel springen Sie flußabwärts durch den Canyon eines Gebirgsbachs. Touren und Schule z. B. bei *Absolute Outdoors (Liezen | www.rafting.at), Best Adventure Company (Pruggern | www.bac.at)* oder *Deep Roots (Palfau | www.rafting-salza.at).*

ÜBERNACHTEN

GASTHOF STIEGENWIRT

Allzu verwöhnt mit guten Hotels ist das Gesäuse nicht. Eine für hiesige Verhältnisse herausragende Wellnessoase hat der Stiegenwirt. *14 Zi. | Palfau 159 | Palfau | Tel. 03638 2 19 | www.stiegenwirt.at | €*

INSIDER TIPP ▶ SCHLOSS RÖTHELSTEIN

Wo sich früher die Äbte des Stifts Admont ihrer Sommerruhe hingaben, kann man auch heute noch gut entspannen. Das Barockschloss bietet einen wunderbaren Garten, und das Frühstück im Arkadensaal und die individuell eingerichteten Zimmer heben sich wohltuend vom sonstigen Hoteleinerlei ab. *39 Zi. | Schlossstraße | Admont | Tel. 05 7 08 33 20 | www.schloss-roethelstein.at | €€*

AUSKUNFT

TOURISMUSVERBAND ALPENREGION NATIONALPARK GESÄUSE

Hauptstr. 35 | Admont | Tel. 03613 2 11 60 10 | www.gesaeuse.at

SCHLADMING

(118 A3) *(∅ C5)* **Das einstige Bergbaustädtchen (4500 Ew.) zwischen Dachsteingebirge und Niederen Tauern ist heute einer der bekanntesten Wintersportorte in Österreich.**

Das merkt man auch im Sommer: Zwar liegt dann kein Schnee auf dem Hausberg, der Planai, doch es ist unverkennbar eine Abfahrtspiste, die da mitten im Ort endet. In den Auslagen der zahlreichen Sportgeschäfte liegt Bergsteigerausrüstung, darüber die Aufschrift „Rent-a-Ski". Junge Menschen aus ganz Europa jobben hier in den Pizzerien, Gasthäusern und Shops und geben dem Ort eine junge, trendige Atmosphäre.

SEHENSWERTES

BRUDERLADEHAUS

1661 errichtet, beherbergte das denkmalgeschützte Haus lange Zeit die Bruderlade, eine frühe Form der berufsständischen Sozialfürsorge. Kranke, alte und arbeitsunfähige Bergleute sowie deren Angehörige wurden hier medizinisch und sozial betreut. Heute ist in dem Baudenkmal das *Schladminger Stadtmuseum* untergebracht. *Juni–Okt. Di/Do 9–12 und 13–17, Mi/Fr 9–13 Uhr | 2,50 Euro | Talbachgasse 110*

STADTRUNDGANG

Die Altstadt ist klein und überschaubar. Die interessantesten Gebäude – wie das *Schladminger Stadttor* mit dem eingemeißelten Datum der Stadtgründung (1322) und die beiden *Stadtkirchen* – liegen dicht beieinander. Am unteren Hauptplatz erinnert das *Bauernkriegsdenkmal* an die wilden Kämpfe der Reformation und die Bauernaufstände anno 1525.

ESSEN & TRINKEN

MARIAS MEXICAN

Gute Laune bei Enchiladas und Mojitos: Zwischen mexikanischer Küche und Cocktails trifft sich junges und feierfreudiges Publikum. *Mo/Di geschl. | Steirergasse 3 | Tel. 03687 2 28 21 | www. mariasmexican.at | €€*

POSTHOTEL SCHLADMING

Prominent am Hauptplatz von Schladming liegt das Haus, das sich nicht nur als Hotel einen Namen gemacht hat: Die traditionelle österreichische Küche, die man um ein paar ausgefallene moderne Kreationen ergänzt, zieht Einheimische wie Besucher in die Post. *Mai–Juni Mi geschl., sonst tgl. | Hauptplatz 10 | Tel. 03687 2 25 71 | www. posthotel-schladming.at | €€*

EINKAUFEN

LODEN STEINER & WOLLWELT ●

Seit 1888 walkt die Familie Steiner am Fuß des Dachsteins Loden. Das Vorzeigeprodukt ist der Original Schladminger Loden (Perlloden), der bis heute nur auf der ursprünglichen Hammerwalke von 1888 produziert wird. Im kleinen Geschäft am Schladminger Hauptplatz (Nr. 16), könnten Sie einkaufen – neben Outdoorbekleidung auch Decken, Trachten und Accessoires.

Viel spannender ist es jedoch, nach Mandling hinauszufahren (11 km): Ganz neu gibt es hier die *Steiner 1188 Wollwelt,* die Sie hinter die Kulissen der Stoffverarbeitung führt – mit angeschlossenem Shop. *Mo–Fr 8.30–18, Sa 9–12 Uhr, Führungen Di/Do 10 und 15 Uhr | Mandling 90 | Eintritt 8 Euro | www.wollwelt.at*

Früher Postkutschenstation, heute eine feine Adresse für Touristen: das Posthotel Schladming

SCHLADMING

FREIZEIT & SPORT

BERGSPORT

Der Schladminger Hausberg Planai (1906 m) bildet mit dem Hochwurzen (1850 m) und dem Hauser Kaibling (2015 m) das Ski- und Wandergebiet. Allein das Skigebiet direkt vor der Haustür umfasst vier Bergregionen und 167 Pistenkilometer *(www.4berge.at),* Beschneiungsanlagen und der nahe Dachsteingletscher ermöglichen Wintersport bis weit nach Ostern.

Im Sommer bringt Sie die Bergbahn zu den Ausgangspunkten von Rundwanderwegen und anspruchsvolleren Bergtouren *(Tourvorschläge unter www.dachsteingletscher.at).* Mountainbiker finden im Gebiet 930 ausgewiesene Strecken – und einen Adrenalinkick auf der Planai. Entlang der Seilbahntrasse ist allein eine Strecke für sie abgesperrt worden: `INSIDER TIPP` 4500 m downhill bis zur Talstation!

AM ABEND

CULT CLUB SCHLADMING

Riesige Bars, schicke Loungebereiche und ein immens großer Dancefloor sind das Herz dieser Partylocation. *Do–Sa | Salzburgerstr. 20 | www.cultclub.cc*

VOLKSMUSIK

Jeden Dienstag wird bei den Wirten in der Region musiziert. Wo was stattfindet, erfahren Sie beim Tourismusbüro bzw. über die Gästeinfo im Hotel. Jeden Donnerstag gibt es außerdem Volksmusik direkt am Hauptplatz. *Juni–Sept.*

ÜBERNACHTEN

AQI HOTEL SCHLADMING

Neu, jung, stylish und für die Lage und Ausstattung auch noch günstig. Direkt an der Liftstation. *107 Zi. | Coburgstr. 54 | Tel. 03687 2 35 36 | www.aqi-hotel.com | €€*

HÖFLEHNER SUPERIOR NATUR- UND WELLNESSHOTEL ❄ ☺

Die Zimmerausstattung ist aus steirischer Zirbe, in der Bio-Küche verzichtet man auf künstliche Zutaten, und im Sommer gibt es Wellness draußen in der Natur! *50 Zi. | Gumpenberg 2 | Haus im Ennstal (8 km von Schladming) | Tel. 03686 25 48 | www.hoeflehner.com | €€€*

PENSION WALDHOF ☺

Das Haus am Waldrand geht in seinem Kern auf das Jahr 1670 zurück. Die Zimmer sind zwar etwas moderner, versetzen einen aber dennoch in Großmutters Zeiten zurück. Schon zum Frühstück gibt es Produkte aus der eigenen Bio-Landwirtschaft. *12 Zi. | Leiten 49 | Ramsau am Dachstein (7 km von Schladming) | Tel. 03687 8 15 45 | www.waldhof-ramsau.at | €*

AUSKUNFT

TOURISMUSVERBAND SCHLADMING-DACHSTEIN

Ramsauer Straße 756 | Schladming | Tel. 03687 2 33 10 | www.schladming-dachstein.at

ZIELE IN DER UMGEBUNG

DACHSTEIN ★ (118 A2–3) *(ⓜ C4)*

Mit seinen 2995 m ist der *Hohe Dachstein* der höchste Gipfel des gleichnamigen Massivs. Die verkarstete Bergkette ist ideal für lange Gebirgs- und Klettertouren, erfordert aber einiges an Können! Wer die Alpen erleben will, ohne in der Vertikalen zu zittern: Allein die Auffahrt mit der ❄ Gletscherbahn entlang der nahezu senkrechten Südwand ist ein atemberaubendes Erlebnis. Frühaufsteher kommen mit der ● `INSIDER TIPP` *Sonnenaufgangsgondel (Di, So Anfang Juli–Anfang Sept.)* herauf, nehmen im Strandkorb bei der Bergstation Platz und sehen zu, wie die Sonne den Schladminger Gletscher rosarot erstrahlen lässt. Dazu wird Ihnen Frühstück serviert *(Sommerbetrieb Seilbahn Mai–Ende Nov. tgl. 7.50–17.10 Uhr | Berg- und Talfahrt 31 Euro, Sonnenaufgangsgondel mit Frühstück: 51 Euro | Infos und Anmeldung:*

(ungefährliche) Gletscherwanderung zur *Dachsteinwarte (Seetaler Hütte)* zu unternehmen. Der Weg zur höchsten Schutzhütte des Dachsteingebirges (2734 m) ist gut präpariert und dauert knapp eine Stunde. www.dachsteingletscher.at

Am Gipfel: Das Dach der Steiermark ist der 2995 m hohe Dachstein

03687 22 04 28 10).
Wer schwindelfrei ist, wagt sich auf den ☀ *Dachstein Sky Walk* direkt neben der Bergstation: Die Aussichtsplattform *(Zutritt gratis)* ragt über die Kante des 250 m steil abfallenden Hunerkogels hinaus. Durch einen Glasboden können Sie in die Tiefe schauen und an klaren Tagen bis ins slowenische Triglavgebirge. Drei Gehminuten entfernt liegt der *Dachstein-Eispalast,* der ein Stück durch den Gletscher führt, mit der Möglichkeit, den Kopf in eine richtige Gletscherspalte zu stecken *(zu den Bahnbetriebszeiten geöffnet | Eintritt 9,50 Euro).* Von der Bergstation aus haben Sie die Möglichkeit, eine

NATURPARK SÖLKTÄLER
(118 B3–4) (⌖ D–E5)
Am Rand der Schladming-Dachstein-Region befindet sich Sölktäler, einer der sieben steirischen Naturparks und eine Kulturlandschaft mit traditioneller Almwirtschaft und artenreicher Vegetation. Hier finden Tiere wie Gämsen, Steinadler und Murmeltiere geschützte Lebensräume. Im Naturparkhaus, welches im Schloss Großsölk untergebracht wurde, können Sie sich über die Besonderheiten der Region, ihre Pflanzen, Tiere und die Geologie informieren. *Mai–Okt. Sa–Mo, Mi–Do 10–17 Uhr | Führung um 15 Uhr | www.soelktaeler.at). 27 km entfernt*

AUSFLÜGE & TOUREN

Die Touren sind im Reiseatlas, in der Faltkarte und auf dem hinteren Umschlag grün markiert

1 DURCHS IDYLLISCHE WEINLAND

Die Südsteirische Weinstraße im Grenzland zu Slowenien ist ein Netz aus Straßen, Pfaden und winzigen Wegen, das viel Raum für eigene Entdeckungen lässt. Kastanienbäume, Weingärten und Kürbisfelder säumen die Fahrt über sanfte Hügel. Die hier empfohlene Tour führt einmal quer durchs Südsteirische Weinland und auf anderen Wegen wieder retour. Sie ist ca. 40 km lang. Planen Sie eine Übernachtung ein – es wollen viele Weine verkostet werden.
Start dieser Tour über die älteste und bekannteste der steirischen Weinstraßen ist die Gemeinde **Spielfeld** an der Grenze zu Slowenien. Hinter der Autobahnabfahrt und gleich nach der Bahnquerung tauchen Sie erstmals ein in diese idyllische Landschaft, die so exzellente Weine hervorbringt. Der Weg folgt dem Grenzverlauf zwischen Österreich und Slowenien. Zwischen **Graßnitzberg** und **Langegg** tun sich sensationelle Aussichten über Hügellandschaften auf, die nicht sanft, sondern zackig den Horizont begrenzen. Den ersten Zwischenstopp auf dieser Tour erreichen Sie nach rund 14 km in **Glanz an der Weinstraße**, wo Sie die Wanderschuhe schnüren: Von hier aus führt eine kulinarische Weinbergwanderung *(6 km / ca. 2 Std. Gehzeit)* von einer Buschenschank zur nächsten. Start und Ziel ist jeweils der **Gasthof Mahorko** *(Mo geschl. | Glanz an der Weinstraße 82 | Tel.*

Bild: Südsteirische Weinstraße

Gehen Sie hinaus in die wunderschöne Natur: Entspannende Tage zwischen Weinbergen, auf dem Rad oder im Gebirge erleben

03454 70 90 | www.mahorko.at), wo Sie sich anschließend mit gegrilltem Zander stärken können – falls Sie nicht schon unterwegs eingekehrt sind, z. B. auf einen leckeren Strudel in die Buschenschank **Germuth**, die auf halbem Wanderweg liegt (Do–So ab 14 Uhr | Glanzer Kellerstraße 34 | Tel. 03454 6 73 40).
Zurück im Auto, verlassen Sie die Weinstraße und fahren über Maletschenberg und Zollamt nach Langegg. Nun ist es nicht mehr weit zum traditionsreichen

INSIDER TIPP ➤ *Weingut Tscheppe am*

Pößnitzberg (40 Zi./Suiten | Pössnitz 168 | Leutschach | Tel. 03454 2 05 | www. tscheppe.com | €€€), wo Sie auch stylish übernachten können. Die Winzerfamilie bewirtschaftet Weingärten in Premium-Lagen und kultiviert Gelben Muskateller, Welschriesling, Sauvignon Blanc, Chardonnay und Weißburgunder sowie einen vielschichtig unverkennbaren Zweigelt. Familie Polz, die das Gut führt, produziert zudem mit großer Leidenschaft Sekte, für die in den Kellern perfekte Lagerbedingungen bestehen. Die Weine und Sekte können Sie selbstverständlich auch verkosten. Nur wenige Schritte vom Hotel entfernt beschließen Sie den Tag stilvoll im zum Hotel gehörigen Gourmetrestaurant **Kreuzwirt** *(Di, Mi geschl. | €€€)*.

Jahr 1787 in den „Josephinischen Landesaufnahmen" erwähnt wurden, werden unter Beachtung kosmischer Rhythmen in Handarbeit bewirtschaftet. Größtes Anliegen der Winzer ist es, Böden und

Heute Weinbaumuseum, wurde im Schloss Gamlitz früher Messwein gekeltert

Am nächsten Tag nehmen Sie sich Zeit für das ausgezeichnete Frühstück und fahren weiter zum Winzer **Sabathi**, der mit sensationeller Weinkellerarchitektur begeistert *(Mo–Fr 10–12 und 13–17, So 10–12 Uhr | Pössnitz 48 | Leutschach | www.sabathi.com)*. Erwin Sabathi möchte seinen Weinen keinen Stil aufzwingen, sondern gibt ihnen die Möglichkeit, ihre Herkunft, den Bodencharakter und den Jahrgang ganz individuell auszuspielen. Mit seinen langlebigen, authentischen und komplexen Weinen begeistert er die Vinologen. Anschließend ist es Zeit für einen Vergleich: Das **INSIDER TIPP** ⌚ *Weingut Sepp und Maria Muster* produziert Weine nach biodynamischen Richtlinien, was sich in einer deutlich anderen Stilistik zeigt. Die Weingärten, die erstmals im

Pflanzen vital zu halten: Konsequent verzichten sie auf Düngemittel, Herbizide und synthetische Pflanzenschutzmittel und setzen stattdessen u. a. auf das Ausbringen von Tees und pflanzlichen, mineralischen und tierischen Substanzen unter Berücksichtigung bestimmter Planetenkonstellationen. *(Verkostung und Verkauf nach Voranmeldung | Schlossberg 38 | Leutschach | Tel. 03454 7 00 53 | www.weingutmuster.com)*.

Nun knurrt mit Sicherheit der Magen, den Tisch fürs Mittagessen haben Sie in weiser Voraussicht in **Leutschach** bei **INSIDER TIPP** *Tom am Kochen* reserviert: Der Namensgeber des Restaurants, Thomas Riederer, hat sich der Avantgarde- und Molekularküche verschrieben. Es gibt keine Speisekarte – nur täglich Menüs aus frischen Produkten, für die Sie sich drei bis vier Stunden Zeit nehmen sollten. *(Mi–Sa, Reservierung erforderlich | Arnfelser Straße 2 | Tel. 03454 7 00 99 | www.trac.at | €€€).*

Von Leutschach aus führt Sie die Route zurück auf die Südsteirische Weinstraße, der Sie nun ca. 11 km bis **Gamlitz** folgen. Nehmen Sie sich Zeit, die Aussichten und einladende Buschenschänken zu genießen. Auf dem Weg besuchen Sie das nette **Weinbaumuseum** im Schloss Gamlitz (1111–31), wo Sie unter anderem erfahren, worum sich Erzherzog Johann im steirischen Weinbau verdient gemacht hat. Früher wurden hier die Messweine für das Stift St. Paul im Lavanttal gekeltert *(tgl. 9–21 Uhr | Eintritt 2,50 Euro | gegen Voranmeldung auch Führungen und Verkostungen im historischen Weinkeller | www.melcher.at).*

Beschließen Sie die Tour in **Vogau**. Am Weg zur Autobahn, bereits auf der anderen Seite der Mur, sticht eine seltsame Containeransammlung ins Auge, die eine ultramoderne *Wein- und Genusserlebniswelt* beherbergt *(tgl. 9–19 Uhr | Eintritt 9,50 Euro inklusive zahlreicher Verkostungen | An der Mur 13 | www.genussregal.at).* Begleitendes Kartenmaterial erhalten Sie in allen örtlichen Infobüros, im Internet können Sie sich unter www.suedsteirischeweinstrasse.at vorab informieren. Noch ein Rat: Meiden Sie bei Ihrer Planung aufgrund des Besucherandrangs die Herbstwochenenden.

2 RADELN ENTLANG DER MUR

Der Murradweg bietet auf seiner ganzen Länge von 365 km einen famosen Querschnitt durch die Steiermark, von den hochalpinen Lagen der Tauern bis in die sonnigen Weiten des Thermenlands. Der schönste Abschnitt ist der obere Teil, entlang des Flusses durch waldreiche Landschaften. Die 66 km lange Strecke von Tamsweg über Murau nach Unzmarkt schaffen Sie in drei Tagen. Lassen Sie das Auto in Unzmarkt stehen und fahren Sie mit der Bahn nach **Tamsweg** *(mehrmals tgl. | 1 Std. 40 min Fahrzeit | www.oebb.at).* Dort schwingen Sie sich in den Sattel und folgen den grünen Schildern mit dem R2-Murradweg-Hinweis. Genießen Sie die erste Fahrt durch diese herrlich waldreiche Region, nach gut 15 km erreichen Sie **Predlitz** und sind in der Steiermark angekommen.

Weiterhin bleiben Sie fast immer direkt am Fluss, der hier ein weites, sattgrünes Tal, flankiert von wuchtigen Bergen geschaffen hat. Machen Sie indes bald halt und quartieren Sie sich nach weiterer 6 km in **Stadl an der Mur** im Murtalerhof ein *(Familie Lassacher | Steindorf 11 | Tel. 03534 22 37 | www.murtalerhof.at | €).* Buchen Sie gleich bei der Ankunft für den nächsten Vormittag eine **INSIDER TIPP** ▶ **Raftingtour** (Juni–Sept.), und dann nichts wie ab ins kühle Nass – der Stadler Badesee ruft bereits.

Am nächsten Tag lernen Sie die Mur beim Rafting aus der Fischperspektive kennen. Zu Mittag sind Sie wieder zurück und nach einer kleinen Stärkung fit für die zweite Tagesetappe, die Sie bereits nach 5 km in **St. Ruprecht** wieder unterbrechen, um das mit großen Pfeilen ausgeschilderte Holzmuseum zu besuchen *(www.holzmuseum.at).* Vertreten Sie sich die Füße am **Barfußweg** im angeschlossenen Arboretum, einem Baumgarten mit bekannten und seltenen heimischen Baumarten und Sträuchern. Kehren Sie anschließend nach 3 km in **St. Georgen ob Murau** in der ältesten Gaststätte der Steiermark ein, die liebevoll dekoriert ist *(Mo geschl. | Bodendorf 5 | www.gh-winter-bodendorf.at).*

Nun sind es nur noch 8 km nach **Murau**, wo Sie die Räder ausrollen lassen. Im Ort braut man nicht bloß hervorragendes Bier, Sie können hier im ehemaligen **Brauhaus** auch gut schlafen *(Raffaltplatz*

Vielleicht werden Sie auf Ihrer Tour auch aufmerksam beobachtet …

17 | Tel. 03532 2437 | www.brauhaus-mu rau.com | €€). Hier sind Sie mitten im Zentrum und quasi schon am Ausgangspunkt Ihres abendlichen Stadtbummels. Der letzte Tag (Strecke: 29 km) steht unter dem Motto Entspannung: Unterwegs begleiten Sie die Schienen der Murtalbahn, einer historischen, noch in Betrieb befindlichen Schmalspurbahn. Knapp bevor Sie Teufenbach erreichen, sehen sie die **Burg Altteufenbach**, die als eine der ältesten bewohnten Burgen des Landes leider nicht zu besichtigen ist. Genießen Sie die Landschaft, rasten Sie, wo ein schönes Plätzchen einlädt, und bummeln Sie durchs beschauliche

Scheifling, das 978 erstmals urkundlich erwähnt wurde. Stärken Sie sich im **Restaurant Leitner** *(tgl. | Flößerstr. 11)* und lassen Sie schließlich den Tag in Unzmarkt ausklingen.

Wenn Sie noch Lust haben, radeln Sie zur Ruine Frauenburg hoch – oder Sie kommen gleich in der **Freizeitanlage Unzmarkt** zum finalen Halt: Ein grandioses Biotop verlockt direkt am Murradweg zum Schwimmvergnügen umgeben von herrlicher Natur- und Parklandschaft. Hier können Sie im Café Holiday übrigens auch vorzüglich essen *(Mai–Sept. tgl.).* Murradwegbroschüren gibt es bei Steiermark Tourismus *(Tel. 0316 4 00 03)* oder im Internet unter *www.murradweg.at.*

③ WANDERUNG AM HOCHSCHWAB

Der Hochschwab ist ein Plateaugebirge mit weiten Hochflächen, der höchste Gipfel des Massivs liegt auf 2277 m. Seltene Orchideen und Wiesenblumen, Gämsen, Murmeltiere und Steinböcke sind in dem Gebiet beheimatet und Tiersichtungen nahezu garantiert. Die konditionell sehr anspruchsvolle, technisch aber einfache Zweitagestour führt über eine Strecke von 23 km. Wanderausrüstung, Regenschutz, Schlafsack, Wasserflasche und Karte gehören unbedingt ins Gepäck.

Die Wegstrecke über das Hochplateau führt entlang der Südseite des Massivs mit ihren imposanten Felswänden hinauf zum Gipfel. Die Tour ist keine Runde: Lassen Sie das Auto deswegen am besten in Thörl bei Aflenz stehen und fahren Sie mit dem *Taxi Spreitzhofer (Tel. 03861 24 00)* hoch zum **Gasthof Bodenbauer**, dem Ausgangspunkt der Wanderung. Von hier aus sehen Sie die Gipfel schon steil aufragen, doch zunächst tauchen

Sie in einen schönen Mischwald ein. Über einen steinigen Steig erreichen Sie nach rund 1,5 Std. auf 1526 m die **Häuslalm** *(oft nur am Wochenende geöffnet | Schlafmöglichkeit | Tel. 0664 9503352)* und damit das Hochplateau. Machen Sie einen kurzen Abstecher zum **INSIDER TIPP ▶ Sackwiesensee**, in dem Sie ein überraschend warmes, aber dennoch erfrischendes Bad nehmen können. Anschließend geht es weiter durch ein einsames Tal aus Latschenkiefern und Felsen in den Abschnitt jenseits der Baumgrenze hinauf. Der Weg ist nicht steil, dafür zieht er sich aber (ca. 4 Std.). Gämsen, Murmeltiere und mit etwas Glück auch Steinböcke werden Ihren Weg kreuzen. Der ☀ Panoramablick am **Hochschwab** ist überwältigend.

Nach dem Gipfelsturm haben Sie es nicht mehr weit ins Bett: Das ☺ **Schiestlhaus** (2153 m) ist keine 15 Min. entfernt. Die Schutzhütte ist auch architektonisch ein Hingucker: Sie ist als hochalpines Passivhaus konzipiert und aus Beton, Lärchenholz und viel Glas gebaut worden. Ökologisch bewirtschaftet wird es mit Solarenergie und unter Regenwassernutzung *(geöffnet Mitte Mai–Ende Okt. | Tel. 0699 10 81 21 99 | www.schiestlhaus.at).* Nach einem zünftigen Bergfrühstück ruft nichts zur Eile: Der heutige Tag ist rein dem Abstieg gewidmet – was nicht heißt, dass Sie diese Etappe unterschätzen sollten! Der Weg ist steinig und oft auch steil, gehen Sie es also gemächlich an. Die Route führt durchs eingetrocknete Tal der Oberen Dullwitz. Wenn Sie nun einen Blick zurückwerfen, türmt sich der Hochschwab in seiner ganzen Größe vor Ihnen auf. Unterwegs laden noch zwei Hütten zur Rast ein, bevor Sie bei **Seewiesen** aus dem Wald treten. Von hier fährt der Postbus zurück nach Thörl *(Tel. 0810 22 23 33 | www.postbus.at).* Eine empfehlenswerte Wanderkarte bietet Kompass *(Karte 212, Hochschwab, Mariazell, Eisenwurzen)* im Maßstab 1:50 000. Hier sind zudem weitere Touren, auch für Radler, verzeichnet.

Rucksack geschultert und Schuhe geschnürt: Es geht auf den Hochschwab hinauf

SPORT & AKTIVITÄTEN

Im Sommer zu Fuß, auf dem Rad oder auf dem Pferderücken, im Winter auf Skiern, manchmal aus der Luft – so kommen Sie der Steiermark wirklich nahe.
Die Landschaften hier sind sehr abwechslungsreich und so sind auch die Möglichkeiten, sich sportlich zu betätigen, äußerst breit gestreut – von der gemütlichen Panoramawanderung über die Radeltour durchs Apfelblütenland bis zur Klettertour mit höchstem Schwierigkeitsgrad.

BERGSTEIGEN & KLETTERN

Bergsteigen im Dachsteinmassiv erfordert neben Trittsicherheit und Kondition auch einiges an alpiner Erfahrung: Eine Hochtour auf den *Hohen Dachstein* (2995 m) beinhaltet Klettertouren im zweiten Schwierigkeitsgrad und Gletscherquerungen. Wer gebietsunkundig ist, sollte einen Bergführer buchen. Renommiert ist die Bergschule *Laserer Alpin (Büro in Gosau | Tel. 06136 88 35 | www. laserer-alpin.at),* deren staatlich geprüfte Bergführer auch Grundkurse in Eis und Fels anbieten. Außerdem können Sie hier das Klettern erlernen oder eine geführte Kletter(steig)tour buchen.
Kletterertouren in allen Schwierigkeitsgraden finden sich in den schroffen Wänden des Dachsteins wie auch im ungezähmten Durchbruchstal der Enns, das heute als Nationalpark Gesäuse unter Schutz steht. Am Dachstein gibt es außerdem 14 Klettersteige. Einer der bekanntesten ist der *Johann-Klettersteig:* ein optimal angelegter Eisenweg über die glatten Wandfluchten

Ob zu Fuß, auf dem Rad oder den Skiern: Die Steiermark mit ihren Bergen, Flüssen und Tälern ist eine einzige große Sportarena

der Südwand (Schwierigkeitsgrad C–D). Kommentierte Informationen zu steirischen Bergtouren, zu Kletterrouten und Klettersteigen unter *www.styria-alpin.at.*

CANYONING & RAFTING

Die steirische Salza ist der längste unverbaute, ganzjährig befahrbare Fluss Mitteleuropas (55 km). Der smaragdgrüne Strom bietet sowohl Anfängern als auch Profis hervorragende Bedingungen. Ob Kajak, Kanu oder Rafting:

INSIDER TIPP Zentrum der Wildwasserfahrer ist die Gemeinde Wildalpen, in der Sie Boote ausleihen und Kurse absolvieren können, z. B. im *Sportcamp Wildalpen (Tel. 03636 2 04 | www.sportcamp.net).* Die Enns gilt ebenfalls als gutes Kajakrevier, allerdings gibt es keine organisierte Infrastruktur, im Fokus stehen Rafting und Canyoning. Ein breites Angebot finden Sie beim alteingesessenen Veranstalter *Absolute Outdoors,* der ein Camp in Johnsbach im Nationalpark Gesäuse betreibt *(Tel. 03612 2 53 43 | www.rafting.at).*

GOLF

In der Steiermark gibt es 24 Golfplätze. Traditionsreich ist der 1963 gegründete *Golfclub Murhof*. Der Platz mit Abschlägen zwischen riesigen alten Bäumen zählt zu den Topanlagen Europas *(www.murhof.at)*. Ein einmaliges Flair bietet der *Golfclub Frauenthal* rund um das gleichnamige Renaissanceschloss. Die ersten neun Löcher sind im Schlosspark zwischen Eichen, exotischen Tulpenbäumen und Teichbiotopen platziert *(www.gcfrauenthal.at)*, die weitere Strecke liegt zwischen Hügeln und Mischwald. Bewusst steirisch gibt man sich im *Golfclub Mariahof* – beim Lederhosenturnier wird in Tracht gespielt. Der Club in der Naturparkregion Zirbitzkogel bietet auch Platzreifekurse für 99 Euro *(www.golf-mariahof.at)*. Die Steiermark-Golfcard verschafft günstig Zutritt zu allen Clubs, z. B. drei Greenfees zu 155 Euro oder fünf Greenfees zu 250 Euro: *www.steiermark.com/golf*.

RADFAHREN

Es gibt viele Radwege entlang der steirischen Flüsse – allen voran den *Murradweg:* Er bietet auf einer Länge von 365 km einen famosen Querschnitt durchs Land, von den hochalpinen Lagen der Tauern bis in die sonnigen Weiten des Thermenlands. Am schönsten ist er im oberen Teil, wo er durch ein weites, sattgrünes Tal führt, flankiert von wuchtigen Bergen. An einem Tag schaffen Sie locker die Strecke von Tamsweg (in Salzburg) über Murau nach Unzmarkt (60 km). Weitere Radwege folgen den Flussläufen von Mürz, Enns, Raab und Feistritz. Sie alle sind auch als Tour mit Übernachtung und Gepäckstransfer buchbar: *Steiermark Touristik | Tel. 0316 4 00 34 50 | www.steiermark-touristik.com*. Darüber hinaus gibt es zahlreiche gemütliche Radel-Genusstouren. Sie führen meist durch die sanften Landschaften in der Süd- und Oststeiermark und sind rund um die Themen Wein und Kernöl konzipiert *(www.steiermark.com/rad)*.

Dicht gewoben ist das Netz der Mountainbikerouten. Eine Herausforderung sind die Touren in den alpinen Regionen Ausseerland, Dachstein und Gesäuse, für die man neben einer Bombenkondition auch Erfahrung auf technisch schwierigen Wegen braucht – zum Teil sind die Wege schmal, steil, steinig und rutschig. Wer als Einsteiger in diesem Sport Spaß an der Tour haben möchte, findet in der **INSIDER TIPP** Region Joglland-Waldheimat technisch relativ einfache Touren, die dennoch konditionell anspruchsvoll sind. Detaillierte Toureninfos: *www.bergfex.at/sommer/joglland-waldheimat*.

REITEN

Natürlich eignen sich die vielfältigen Landschaften der Steiermark auch hervorragend, um sie vom Sattel aus zu erkunden. Im Süden und Osten haben die führenden Reitbetriebe die Hufeisentour ins Leben gerufen, ein Netz von Halb- und Ganztagesstrecken, die mit dem Wanderreitführer in Angriff genommen werden oder Sie navigieren selbst mit einem GPS-Gerät. Pferde können eingestellt oder bei den Höfen gemietet werden. Detaillierte Infos: *www.grenzenlosreiten.at*

WANDERN

Kaum treten Sie in der Steiermark vor die Tür, sind Sie schon auf einem Wanderweg. Im Nationalpark Gesäuse beispielsweise sind elf Schutzhütten, gut zwanzig 2000er und zahlreiche Almen durch ein weitläufiges Netzwerk aus gut markierten Wanderwegen verbunden. Tipp für Einsteiger: eine **INSIDER TIPP** zweitägige Tour mit Übernachtung auf der Ennstaler Hütte (auch für Kinder geeignet). Die Wanderung führt vom Ausgangspunkt Gstatterboden am Tag 1 hinauf zur Ennstaler Hütte *(Weg Nr. 646, 3 Std.)*, am Tag 2 folgt der Aufstieg auf den Tamischbachturm, den technisch leichtesten 2000er im Gesäuse *(1,5 Std.)*. Der anschließende Abstieg *(2,5 Std.)* verläuft über die Hochscheibenalm und den Jägersteig wieder zurück nach Gstatterboden. Mehr Tipps für Hüttenwanderungen bei der Nationalparkregion Gesäuse *(www.gesaeuse.at)*.

Ein alpiner Klassiker ist der *Schladminger Tauern-Höhenweg*. Er ist der anstrengendste und schönste unter den steirischen Weitwanderwegen, ausgelegt auf sieben Tagesetappen mit durchschnittlich je 7 Std. Gehzeit. Die meisten Bergsteiger wählen eine abgekürzte Variante, die nur fünf Tage dauert *(Start: Hochwurzen Bergstation, Ende: Preinthaler Hütte/Bergstation Planai oder Hauser Kaibling)*. Einen Wanderführer mit Karte erhalten Sie vom *Tourismusmarketing Schladming-Dachstein Tourismusmarketing | Tel. 03687 2 33 10 | www.schladming-dachstein.at*

Eine riesige Auswahl an Tourentipps finden Sie auch unter *www.steiermark.com/wandern*, unterteilt nach verschiedenen Kriterien wie familienfreundlich oder hochalpin.

Bietet allerbeste Bedingungen: das Skigebiet rund um Schladming

WINTERSPORT

Mehr als 80 Skigebiete liegen in der Steiermark und die meisten davon sind klein, überschaubar und familiär. Ein hervorragendes Wintersportzentrum ist die *Vier-Berge-Skischaukel* rund um Schladming mit 323 Pistenkilometern, knapp 100 Seilbahnen, Sessel- und Schleppliften sowie 75 Skihütten. Hier werden auch Weltcuprennen ausgetragen *(www.planai.at)*. Eine Topadresse für Snowboarder ist der **INSIDER TIPP** *Kreischberg*. Der *Airypark* mit seiner gigantischen Halfpipe, seinen Rails, Jumpboxes und Kickern steht Snowboardern wie Skifahrern offen. Immer wieder messen sich die besten der Welt hier: 2015 findet am Kreischberg die FIS Doppel-WM Snowboard und Ski-Freestyle statt.

Die Ramsau wiederum ist das nordische Zentrum Österreichs. Für Langläufer wird hier auf einer Höhe von 1100 bis 2700 m ein Netz von 220 Loipenkilometern gespurt, außerdem gibt es gute Bedingungen zum Schneeschuhwandern und auch geführte Touren *(www.ramsau.com)*.

MIT KINDERN UNTERWEGS

Das grüne Herz der Steiermark schlägt auch für Kinder. Die Landschaft bietet viel Freiraum für Entdeckungen. Immer ist da ein See, ein Bauernhof – oder einfach eine Wiese zum Toben.

Wanderungen führen über besonnte Almen, wo das Vieh gemütlich auf der Weide steht, Radtouren an fischreichen Flüssen entlang, auf federnden Waldböden geht es den Berg hinauf – und mit der Sommerrodelbahn saust die ganze Familie wieder hinunter.

GRAZ UND UMGEBUNG

FRIDA & FRED (U D5–6) (🗺 d5–6)
Das Grazer Kindermuseum bietet Ausstellungen, Atelier- und Theaterprogramme, die speziell für Kinder konzipiert sind. Das Anfassen der gezeigten Objekte ist ausdrücklich erwünscht. Besonders geeignet für Drei- bis Zwölfjährige. *Mo, Mi, Do 9–17, Fr 9–19, Sa, So 10–17 Uhr | Eintritt 4,50 Euro, Kinder 2 Euro | Friedrichgasse 34 | www.fridaundfred.at*

WEINLAND

MAISLABYRINTH (122 C4) (🗺 K7)
Jeden Sommer wird im Bezirk Leibnitz ein Maisgarten angelegt. Auf einer Fläche von rund vier Fußballfeldern können sich Groß und Klein im hohen Mais verirren – mit oder ohne Picknickkorb. *Erlebnisbauernhof Kürbis-König | Mai bis Okt. tgl. 10–18 Uhr | Eintritt 5 Euro, Kinder 3 Euro | Schrötten 2 | Hengsberg bei Wildon | www.maislabyrinth.at*

Bild: Kinder im Wasserspielpark Eisenwurzen

**Hören, tasten, sehen, riechen:
Stadtkinder werden staunen, wie viel Spaß
man in der steirischen Natur haben kann**

WEG DER WANDLUNGEN ♻
(122 A5) (📖 H8)

Hören, tasten, sehen, riechen: Auf dem 2 km langen Rundweg bei Soboth gibt es Tastpfade, eine Hängebrücke und Barfußwege für ein bewusstes Naturerleben. Höhepunkt der Tour ist die Riesenschaukel über einem Abgrund. Bei der ersten Station am Alpengasthof Messner gibt es für den Weg einen Rucksack zum Ausleihen. Er enthält Utensilien zur Verstärkung der Sinnesempfindung sowie einen Schlüssel für einige Erlebnisstationen. *Start und Information beim Jakobihaus | Soboth | April bis Okt. | Eintritt frei*

THERMENREGION

FEISTRITZTALBAHN (121 D4) (📖 K5)

Mit der Dampflok geht es auf Nostalgiefahrt von Weiz nach Birkfeld. Die Brücken, Viadukte und Tunnel auf dieser Schmalspurstrecke begeistern Kinder wie Kindgebliebene. Radtransport möglich. *Ab Bahnhof Weiz | Mitte Juni–Mitte Okt.,*

Wild: Im Garten von Schloss Herberstein leben auch Geparden

Fahrtage Mo, Do, Sa, So je nach Saison |
Erwachsene ca. 4 Euro, Kinder ca. 2 Euro |
www.feistritztalbahn.at

STYRASSIC PARK (123 E4) (*m L7*)

Auf einem 5 ha großen Waldstück stehen
mehr als 80 Saurier, Mammuts, Säbel-
zahntiger etc. in Lebensgröße. In Szenen
ist das Leben der prähistorischen Tiere
nachgestellt, etwa der Kampf zweier
Pachycephalosaurus um ein Weibchen
oder der Angriff eines Flugsauriers auf
einen Kentrosaurus. Spannend ist auch
das 5D-Saurier-Rüttelkino. Die Phantasie
unterstützen simulierte Erdbeben und
Vulkanausbrüche. Übernachten können
Sie in einem Baumhotel! *April–Okt. tgl.*
9–17 Uhr | Eintritt 10 Euro, Kinder 6 Euro |
Dinoplatz 1 | Bad Gleichenberg | www.
styrassicpark.at

TIERWELT SCHLOSS HERBERSTEIN
(123 E1–2) (*m L5*)

Tiere aus fünf Kontinenten können Sie
im Garten von Schloss Herberstein
bestaunen – neben Löwen und Emus
auch zahlreiche alte Haustierrassen
wie das Mangalitzaschwein oder das
ungarische Zackelschaf. Außerdem wird
durch Forschercamps, Schatzsuchen sowie Zoo-Olympiaden spielerisch Wissen
vermittelt. *Mitte Mai–Sept. tgl. 9–17,*
Okt.–Nov. tgl. 10–16, März–April Do–So
10–16 Uhr | Eintritt 14 Euro, Kinder 7 Euro |
Buchberg 50 | Stubenberg am See | www.
tierwelt-herberstein.at

MUR- UND MÜRZTAL

GOLDWASCHEN (119 D4) (*m F5*)

In Pusterwald leiht man Ihnen Gold-
waschschüsseln und Schaufel, erklärt
Ihnen, wie das geht mit dem Goldsu-
chen, und schon können Sie Ihr Glück
versuchen. Was Sie finden, können Sie
mit nach Hause nehmen. *Goldwaschan-*
lage Pusterwald: vom Dorf kommend ca.
3,5 km taleinwärts, bei der Abzweigung
zur Scharnitz/Wildalm links abbiegen, da-
nach noch ca. 1,5 km | Sa/So 12–17 Uhr |
Eintritt inkl. Goldwaschen 4 Euro | www.
pusterwald.steiermark.at

MÄRCHENWALD (119 E4) (*⌖ F6*)

Für die Kleinsten gibt es hier 130 Märchenfiguren und 30 Burgen zu bestaunen, darüber hinaus ein Wikingerschiff, ein Indianerdorf, Goldwaschbrunnen, einen Kletterturm, eine Butterfly-Schaukel, ein Piratendorf und vieles mehr. *Erlebnisgasthof Sonnenhof | St. Georgen ob Judenburg | Ostern–Nov. tgl. 8.30–18.30 Uhr | Eintritt 8,50 Euro | www. maerchenwald.at*

SOMMERRODELBAHN GREBENZEN-ST. LAMBRECHT (119 D5) (*⌖ E6*)

Mit 1720 m die längste Sommerrodelbahn der Steiermark. Eine kurvenreiche Abfahrt, bis zu 40 km/h schnell. Zugang mit der Viierersesselbahn. *Juni–Sept. tgl. 10–17 Uhr | Rodelbahn inkl. Bergfahrt 7,70 Euro, Kinder 5,10 Euro | Papstin 4 | St. Lambrecht | www.grebenzen.at*

WILD- UND ERLEBNISPARK ELFEN-BERG MAUTERN (119 F3) (*⌖ G4–5*)

200 heimische Tiere sowie solche aus anderen Klimazonen (z. B. Yaks) sind hier auf 1100 m Meereshöhe artgerecht untergebracht. Die Attraktionen sind das größte Bärengehege Europas, eine begehbare Wolfshöhle, der Streichelzoo und die Greifvogelflugschau. Zum Park gehört ein moderner Erlebnispark mit Fahrgeschäften. Zum Abschluss des Ausflugs wartet noch die Sommerrodelbahn oder der Bergflitzer – ein solider Bergroller – zur Abfahrt ins Tal. *Alpsteig 1 | Mautern | Mai–Okt. Di–Fr 10–17, Sa/So 9–17 Uhr | Eintritt 14 Euro, Kinder 10 Euro | www.elfenberg.at*

ALPINE STEIERMARK

ABENTEUERPARK GRÖBMING (118 B3) (*⌖ D4*)

Am Fuß des Stoderzinken liegt der größte Kletterpark Österreichs. 18 verschiedene Parcours mit unterschiedlichen Schwierigkeitsgraden gilt es zu bewältigen. Die Strecken hängen in zwei bis 15 m Höhe zwischen den Bäumen. Mehr als 200 Elemente erfordern Klettern, Balancieren, Rutschen und Hangeln über unterschiedliche Brücken und Seilkonstruktionen. Um mitmachen zu dürfen, müssen Kinder mindestens drei Jahre alt sein oder eine Körpergröße von 110 cm haben. *Mai–Okt. Mi–Fr 14–18, Sa/So 10–18, Juli–Aug. tgl. 10–19 Uhr | Eintritt 22 Euro, Kinder 6–15 Euro | Stoderstr. 114 | Gröbming | www.abenteuerpark.at*

RIESNERALM (118 C3) (*⌖ E5*)

Der Tierholzpark an der Bergstation lädt Kinder zum Spielen ins Innere der überdimensionalen, aus heimischem Holz gefertigten Tiere, die sich damit quasi als trojanischer Fuchs, Dachs, Gams oder Murmeltier erweisen. Zum Gipfel des Riesnerkrispen (1922 m) führt ein rund 700 m langer Barfuß-Wanderweg, der mit Sicherheit der ganzen Familie tierisch viel Spaß macht. *Riesneralm Bergbahnen | Donnersbachwald 89 | Juli–Sept. Sa–Mo 9–16.30 Uhr | Berg- und Talfahrt Erwachsene 13 Euro, Kinder 6,60 Euro | www.riesneralm.at*

WASSERSPIELPARK EISENWURZEN (119 E1) (*⌖ G3*)

Auf diesem Spielplatz haben alle Geräte etwas mit Wasser und Natur zu tun. Kinder können beispielsweise Gewässer stauen und fließen lassen, am Strömungstisch planschen oder im Minirafftingboot paddeln. Die beliebteste Attraktion ist der mehr als 600 m lange und mittels dreier Schleusen zu überwindende Bootskanal – man bekommt echtes Wildwasserfeeling. *Mai–Anfang Okt. tgl. 9–19 Uhr | Eintritt 11 Euro, Familienkarte 31 Euro | Markt 35 | St. Gallen | www.wasserspielpark.at*

EVENTS, FESTE & MEHR

1. Jan. Neujahr; **6. Jan.** Hl. Drei Könige; **Ostermontag; 1. Mai** Tag der Arbeit; **Christi Himmelfahrt; Pfingstmontag; Fronleichnam; 15. Aug.** Mariä Himmelfahrt; **26. Okt.** Nationalfeiertag; **1. Nov.** Allerheiligen; **8. Dez.** Mariä Empfängnis; **25. Dez.** Weihnachten; **26. Dez.** Stefanitag

FESTE & VERANSTALTUNGEN

JANUAR/FEBRUAR

▶ *Fasching im Ausseerland:* Trommelweiber, Männer in rüschigen Frauennachthemden sowie ▶ *Flinserl,* prunkvoll gekleidete Gestalten, verabschieden lautstark den Winter. ▶ *Faschingsmontag und -dienstag*

MÄRZ

▶ *Diagonale:* Festival des österreichischen Films in Graz. *www.diagonale.at*

APRIL

▶ *Apfelblütenfest:* Musik, Brauchtum und Jahrmarkt im Apfeldorf Puch, wenn Ende April Tausende von Apfelbäumen in voller Blüte stehen. *www.apfelstrasse.at*
▶ *Osterhasenkirtag:* Großes Frühlingsfest nach der Palmweihe am Palmsonntag in Fischbach. *www.fischbach.co.at*

MAI

▶ ⭐ *Narzissenfest:* Ende Mai im Ausseerland. Der Höhepunkt des Fests sind die beiden Blumenkorsos am Sonntag (Autokorso in Bad Aussee; Bootskorso am Grundlsee) mit riesigen Figuren, die mit Narzissenblüten geschmückt sind. *www.narzissenfest.at*

JUNI

▶ *Ramsauer Frühlingsfest:* Höhepunkt ist der Festumzug mit über 40 Trachtengruppen, Musikkapellen und prächtig geschmückten Pferdekutschen.
▶ *styriarte:* Festspiele der klassischen Musik in Graz, gewidmet dem Dirigenten und Musiker Nikolaus Harnoncourt. *www.styriarte.com*
▶ *Mariazeller Bergwelle:* Immer frei von Ende Juni bis Sept. Open-Air-Konzerte auf der Seebühne der Bürgeralpe mit Wasserspielen. *www.bergwelle.at*

JULI

▶ *Jazzsommer Graz:* Legendäre Jazzgrößen spielen vier Wochen lang jeden Do, Fr und Sa auf. *www.jazzsommergraz.at*
▶ *Mid Europe:* Europas größtes Blasmusikfestival – aber auf Orchesterniveau. In Schladming und Haus im Ennstal. *www.mideurope.at*

Maskeraden, Apfelfeste und Weinlese: In den Berg- und Talregionen der Steiermark ist das Brauchtum noch immer lebendig

▶ **Ennstal Classic:** Oldtimerrennen in den steirischen Bergen um Gröbming. *www.ennstal-classic.at*

▶ **INSIDER TIPP** *Schilcherberg in Flammen:* Jakobifest zur ersten Traubenreife Ende Juli in Deutschlandsberg

AUGUST

▶ **INSIDER TIPP** *La Strada:* Straßentheater auf höchstem internationalem Niveau in ganz Graz. *www.lastrada.at*

▶ **INSIDER TIPP** *Samson Umzug:* Seit 1718 wird jedes Jahr zu Mariä Himmelfahrt die barocke Riesenfigur Samson unter lauten Salutschüssen der Bürgergarde durch die Stadt Murau getragen. Ein sehr spezielles Fest.

▶ **Murenschalk:** Drei Tage Straßenkunst und Gaukler in Bruck an der Mur. *www.murenschalk.at*

SEPTEMBER

▶ ● **Aufsteirern:** Die Grazer Altstadt wird zum Dorfplatz, mit Tanz, Musik, Dichtung, Handwerk und Essen. *www.aufsteirern.at*

▶ **Weinlesefeste:** Ab Mitte September finden im ganzen Weinland Press- und Erntedankfeste statt, Volksmusik, kulinarische Herbstspezialitäten und Weinverkostungen sind das übliche Rahmenprogramm. *www.weinland-steiermark.at*

OKTOBER/NOVEMBER

▶ ★ **Steirischer Herbst:** Das große Kunstfestival der Avantgarde steht jedes Jahr unter einem neuen Motto, zu dem hochklassige Projekte und Produktionen aus allen Sparten der zeitgenössischen Kunst präsentiert werden. *www.steirischerherbst.at*

▶ **Berg- und Abenteuerfilmfestival:** Filmdokus von Extrembergsteigern und -kletterern in Graz. *www.mountainfilm.com*

DEZEMBER

▶ **Adventsmärkte:** Höhepunkte der Vorweihnachtszeit sind der Grazer und der Mariazeller Advent, aber auch der besinnliche Admonter Advent, wo die imposante barocke Krippe zu bestaunen ist.

ICH WAR SCHON DA!

Drei User aus der MARCO POLO Community verraten ihre Lieblingsplätze und ihre schönsten Erlebnisse

BÄRENSCHUTZKLAMM

Von Mixnitz (Parkplatz Bärenschütz) aus unternahmen wir eine Wanderung zur Klamm *(www.baerenschuetzklamm. at)*. Nach einer Stunde entlang des Mixnitzbachs erreichten wir den Einstieg zur Klamm. Die kleine Gebühr, die hier anfällt, ist durchaus angemessen für die hoch aufragenden Felswände und die schönen Wasserfälle. Im Sommer sieht man nicht nur auf den „Großen Wasserfall", sondern kann auch überall Wiesenenzian bestaunen. Nach dem Ausstieg erreichten wir nach einer kurzen Wanderung den Almgasthof „Zum guten Hirten", wo wir uns für den Rückweg stärken konnten. **Sternchen, Wien**

HOHENHAUS TENNE

Die Hohenhaus Tenne befindet sich im Ortskern von Schladming, an der berühmten Planai-Abfahrt, *(Coburgstraße 512 | Tel. 03687 2 21 00 | www.tenne. com/schladming)*. Bei dieser Lokalität handelt es sich um einen Après-Ski-Tempel – ein absolutes Muss in der Ski-Saison für Touristen und Einheimische! **mcmaus, Stuttgart**

ALMABTRIEB

Sehenswert ist ein Kuhabtrieb auf der Gmoa-Alm, 10 km westlich von Frohnleiten. Mit dem Auto fuhren wir Richtung Gamsgraben und bogen über den Ratlosgraben zum Schenkenberg ab. Das letzte Stück ist nur zu Fuß erreichbar (ca. 1 Std.). Auf dem Weg genießt man einen herrlichen Ausblick auf die Berge. **Enzian, Graz**

Haben auch Sie etwas Besonderes erlebt oder einen Lieblingsplatz gefunden, den nicht jeder kennt? Gehen Sie einfach auf www.marcopolo.de/mein-tipp

LINKS, BLOGS, APPS & MORE

LINKS

▶ www.steiermark-karte.com/de/karte Interaktive Urlaubskarte, die in verschiedenen Ansichten (z. B. Gelände, Satellit, 3-D) die besten Ziele für Ihre Interessenslage präsentiert: Sie geben an, in welcher Region Sie sich befinden und ob Sie Radfahren, Wandern, Kajak fahren, Kultur schnuppern oder mit dem Pferdeschlitten durch den Winterwald fahren möchten

▶ www.bergfex.at Hier finden Sie zu jedem Dorf eine Auswahl an Tourentipps sowie Karten, GPS-Koordinaten und viele nützliche Infos. Unter dem Punkt Webcam finden Sie zudem alle aktuellen Webcams der Steiermark

▶ www.kleinezeitung.at Homepage der meistgelesenen Tageszeitung in der Steiermark und Kärnten. Berichtet wird auf lokaler Ebene, was einen schönen Einblick in den Alltag der Steirer gibt

▶ www.volksmusikland.at Klicken Sie auf die Steiermark und hören Sie rein ins Land. Lesen Sie, welchen Hintergrund die traditionellen Lieder und Tänze haben

▶ www.marcopolo.de/steiermark Informationen zu Ihrem Reiseziel mit interaktiver Karte und Hotelsuchfunktion

BLOGS & FOREN

▶ www.gipfeltreffen.at Gut frequentiertes Bergsteiger- und Wandererforum: Als nicht aktives Mitglied können Sie hier alle Tipps lesen, die auch das Klettern und Canyoning umfassen. Forumsmitglieder organisieren auch immer wieder Touren

▶ www.keinheimfuerplastik.at Familie Krautwaschl-Rabensteiner aus Graz versucht, Plastik aus ihrem Alltag zu verbannen. Spannender Blog mit vielen Tipps zum Nachmachen

▶ www.mariazellerland-blog.at Der Fotograf und Lederwarenhersteller Fred Lindmoser berichtet sehr lebendig und abwechslungsreich: Hier versäumen Sie keine noch so kleine Einweihungsfeier

Egal, ob Sie sich auf Ihre Reise vorbereiten oder vor Ort sind: Mit diesen Adressen finden Sie noch mehr Informationen, Videos und Netzwerke, die Ihren Urlaub bereichern. Da manche Adressen extrem lang sind, führt Sie der kürzere mp.marcopolo.de-Code direkt auf die beschriebenen Websites

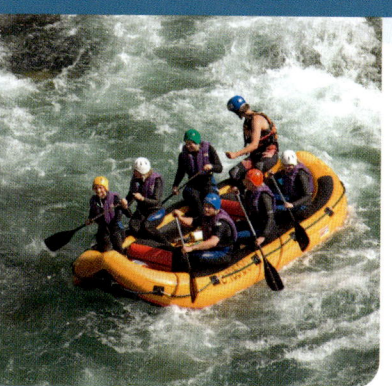

VIDEOS & STREAMS

▶ steiermark.orf.at Kultur, Politik, Wirtschaft oder Sport: Podcasts zu ursteirischen Themen aus dem Landesstudio des Österreichischen Rundfunks

▶ www.mp.marcopolo.de/stei1 Das Trio STS ist Kult in der Steiermark. Ihr Lied, das den schlichten Titel „Steiermark" trägt, ist inoffizielle Landeshymne

▶ www.steiermark1.at Regionaler Privatsender, der ein buntes Kaleidoskop an Beiträgen zum Ansehen bereithält

▶ www.suedsteiermark.tv Kurze Clips über alle Themen, die die Südsteiermark bewegen. Hier können Sie Berichte über den letzten Weltspartag oder die Zusammenfassung des Fußballspiels Hengsberg gegen AC Linden Leibnitz verfolgen

APPS

▶ Steirer Guide 3D Die Gratis-App ist ein virtueller Reiseführer, der mit wenigen Klicks Tipps zu Sehenswürdigkeiten, Essen und Trinken, Übernachten sowie Sport und Freizeit liefert – inklusive 360-Grad-Panorama von Ihrem anvisierten Ziel. Bei Gefallen werden Sie per GPS dorthin gelotst

▶ Graz Secrets Die App aus dem Hause Weitzer Hotels präsentiert Graz in vier Kategorien, u.a. mit Routenvorschlägen, Insidertipps und Beiträgen von Grazern, die ihre Stadt ganz persönlich vorstellen

▶ Bergfex ist eine im Winter sehr nützliche iPhone-App, welche die beliebtesten Skigebiete der Alpen übersichtlich aufs Handy bringt

NETWORK

▶ www.groops.at/st Sie wollen Einheimische kennenlernen? Die Internetcommunity Groops hilft weiter. Hier treffen sich Menschen, um gemeinschaftliche Unternehmungen wie Spiele, Besuch von Kulturveranstaltungen oder Essen gehen zu starten. 70 Gruppen in Graz, einzelne Gruppen in einigen anderen Städten

▶ www.facebook.com/lendwirbel Der Lendwirbel ist eine Initiative des Viertels zwischen Lendplatz und Südtiroler Platz, die es sich zur Aufgabe gemacht hat, den Stadtraum für alle zu öffnen. Hintergründe dazu finden Sie im Manifest auf *www.lendwirbel.at*, während auf Facebook vorwiegend aktuelle Veranstaltungen angekündigt werden

PRAKTISCHE HINWEISE

ANREISE

🚐 Reisende aus dem Westen fahren über München nach Salzburg und weiter auf der A1 zum Voralpenkreuz. Wer aus dem Norden kommt, erreicht dieses Autobahnkreuz über Nürnberg und Passau und die A8. Vom Voralpenkreuz weiter auf die A9, die bei Liezen die Steiermark erreicht und knapp vor Graz in die A2 mündet. Grenze Deutschland/Österreich–Alpine Steiermark/Gesäuse ca. 170 km.

Autobahnen in Österreich sind mautpflichtig. Vignetten gibt es in Tabakläden, auf Postämtern und in grenznahen deutschen Tankstellen. Die Jahresvignette für PKW kostet 77,80 Euro, für zwei Monate 23,40 Euro, für zehn Tage 8 Euro. Auch für Motorräder gilt eine (reduzierte) Vignettenpflicht. Mautpflicht besteht außerdem auf privaten Berg- und Panoramastraßen.

🚆 Täglich verkehren mehrere EC-Züge zwischen Deutschland und Graz: von Frankfurt (1x) aus, Stuttgart (1x), Saarbrücken (1x) und München (2x). Wer aus Berlin, Hamburg oder Köln anreist, fährt mit dem Nachtzug nach Wien, steigt dort um und reist weiter nach Graz. Von Zürich aus verkehrt ein Nachtzug direkt nach Graz. Von München aus dauert die Fahrt mit der Bahn sechs Stunden, von Berlin sind es zwölf Stunden. Informationen zu den Zügen erhalten Sie bei der Zugauskunft Österreich: *Tel. 05 17 17 | www.oebb.at*

✈ Direktverbindungen zum Flughafen Graz (*www.flughafen-graz.at*) Berlin, Düsseldorf, Frankfurt, Friedrichshafen, Hannover, Innsbruck, Linz, Köln/Bonn, München, Nürnberg, Stuttgart, Wien und Zürich. Der Flug von Frankfurt nach Graz dauert 1,5 Std. Am Flughafen fährt der Bus 631 für 1,90 Euro zum Jakominiplatz (ca. 30 Min. Fahrzeit).

Die S5 bringt Sie in 13 Min. für 1,90 Euro zum Hauptbahnhof (mindestens stündlich, ca. 300 m zum Terminal). Statt ein Einzelticket zu lösen, können Sie auch eine 24-Stunden-Grazcard für 4,20 Euro erwerben, die für einen ganzen Tag als Netzkarte in Graz gilt, oder Sie kaufen das 3-Tages-Ticket für 9,90 Euro, das am Flughafen in der Spar-Filiale erhältlich ist. Damit erhalten Sie außerdem ermäßigten Eintritt zu diversen Attraktionen. Ein Taxi zur Stadtmitte kostet ca. 20 Euro (20 Min. Fahrzeit).

GRÜN & FAIR REISEN

Auf Reisen können auch Sie mit einfachen Mitteln viel bewirken. Behalten Sie nicht nur die CO_2-Bilanz für Hin- und Rückflug im Hinterkopf (*www.atmosfair.de*), sondern achten und schützen Sie auch nachhaltig Natur und Kultur im Reiseland (*www.gate-tourismus.de; www.zukunft-reisen.de; www.ecotrans.de*). Gerade als Tourist ist es wichtig, auf Aspekte zu achten wie Naturschutz (*www.nabu.de; www.wwf.de*), regionale Produkte, Fahrradfahren (statt Autofahren), Wassersparen und vieles mehr. Wenn Sie mehr über ökologischen Tourismus erfahren wollen: europaweit *www.oete.de*; weltweit *www.germanwatch.org*

Von Anreise bis Zoll

Urlaub von Anfang bis Ende: die wichtigsten Adressen und Informationen für Ihre Steiermark-Reise

AUSKUNFT

STEIERMARK TOURISMUS
St.-Peter-Hauptstr. 243 | 8042 Graz | Tel. 0316 4 00 30 | www.steiermark.com

GRAZ TOURISMUS (INKLUSIVE UMLAND)
Herrengasse 16 | 8010 Graz | Tel. 0316 8 07 50 | www.graztourismus.at

ÖSTERREICH WERBUNG
www.austria.info | Tel. 00800 40 02 00 00 (kostenfrei für Deutschland, Österreich und Schweiz)

AUTO

Das Tempolimit liegt auf Autobahnen bei 130, auf Bundesstraßen bei 100 und innerorts bei 50 km/h. Promillegrenze: 0,5. Es besteht Tragepflicht von Sicherheitswesten, sobald das Fahrzeug auf Autobahnen und Landstraßen verlassen wird. Winterreifenpflicht: 1. Nov. bis 15. April. ÖAMTC-Pannenhilfe: *Tel. 120*; ARBÖ-Pannenhilfe: *Tel. 123*

BAHN & BUS

Die Steiermark mit öffentlichen Verkehrsmitteln zu bereisen erfordert etwas Planung: Kleinere Orte werden oftmals nur ein- bis zweimal am Tag angefahren. Streckennetz und Fahrpläne bei der ÖBB *(Tel. 05 17 66 | www.oebb.at)* und bei den Postbussen *(Tel. 0810 222333 | www.postbus.at)*.

CAMPING

In der Steiermark gibt es 53 Campingplätze, die 28 schönsten davon finden Sie bei *Camping in der Steiermark (Tel. 0316 4 00 30 | www.camping-steiermark.at)*. Sie liegen teils an schönen, natürlichen Gewässern, teils haben sie auch im Winter geöffnet. Wildes Campen ist verboten, Biwakieren in den Bergen erlaubt.

WAS KOSTET WIE VIEL?

Kaffee	ab 2,20 Euro *für eine Melange*
Wein	ab 1,90 Euro *für 0,125 l Schilcher*
Imbiss	1,80 Euro *für eine Leberkäsesemmel am Stand*
Eintritt	8 Euro *für eine größere Sehenswürdigkeit*
Bahnfahrt	11 Euro *für die Strecke von Graz nach Bruck an der Mur*
Seilbahn	10 Euro *für eine Bergfahrt im Sommer*

GESUNDHEIT

Auf der Rückseite der Krankenversicherungskarte befindet sich die Europäische Krankenversicherungskarte. Sollte sie von einem Arzt nicht akzeptiert werden, müssen Sie die Behandlungskosten bar bezahlen und die Rechnung bei Ihrer Krankenkasse einreichen.

Die Steiermark ist eines der Hauptverbreitungsgebiete von FSME übertragenden Zecken. Eine Ansteckung ist während der gesamten warmen Jahreszeit möglich. Vor der Reise sollten Sie mit einem Arzt eine mögliche Impfung besprechen.

HUNDE

Ob Café oder Restaurant, Burgbesichtigung oder Kabinenbahn auf den Berg: Gut erzogene Hunde können fast überallhin mitgenommen werden, auch Baden ist im Normalfall kein Problem, wenn Sie sich abseits der hochfrequentierten Liegeflächen halten. In vielen Hotels können Hunde gegen einen Aufpreis mit im Zimmer schlafen. Einen Folder „Urlaub mit Hund" können Sie unter *www.steiermark.com/de/urlaubsthemen/urlaub-mit-hund* herunterladen.

INTERNETCAFÉS & WLAN

In Graz gibt es einige Internet-Cafés (z. B. Speednet-Café am Hauptbahnhof, Waveride neben dem Kunsthaus). Öffentliche WLAN-Zonen findet man in Graz reichlich, im Rest der Steiermark sind sie hingegen spärlich gesät (Tipp: Jugendgästehäuser aufsuchen). Eine halbwegs aktuelle Liste an öffentlichen WLAN-Zonen finden Sie unter *www.wlangraz.at* sowie unter *www.freewlan.at/steiermark*. Viele Hotels, nicht mehr nur die besseren, bieten WLAN häufig gratis an.

KLIMA & REISEZEIT

Die Wintersaison (Skigebiete des Mur- und Mürztals sowie der Alpinen Steiermark) dauert von Dezember bis Ostern. Die Sommersaison geht von Mitte Mai bis Mitte Oktober, Wanderungen ins Hochgebirge sind zumeist von Juni bis September möglich. Am stabilsten ist das Wetter im Spätsommer und Frühherbst. Im milden Klima der Süd- und Oststeiermark dauert die Sommersaison von Ende März bis Anfang November. Aktuelle Wetterinfos auf *wetter.orf.at/stm.*

WETTER IN GRAZ

	Jan.	Feb.	März	April	Mai	Juni	Juli	Aug.	Sept.	Okt.	Nov.	Dez.
Tagestemperaturen in °C	1	4	9	15	19	23	25	24	20	14	7	2
Nachttemperaturen in °C	−5	−4	0	5	9	13	14	14	11	6	1	−2
Sonnenschein Stunden/Tag	3	4	5	6	7	7	8	8	6	5	3	2
Niederschlag Tage/Monat	6	6	6	8	11	11	11	10	8	8	7	6

MIETWAGEN

Anmietstationen gibt es am Grazer Flughafen sowie in der Grazer City. Wem ein kleines Auto genügt: Smarts und Fiats 500 können Sie am Bahnhof Graz bei Easymotion ab 25 Euro pro Tag mieten (*www.easymotion.at*).

NOTRUF

Feuerwehr: *Tel. 122*
Polizei: *Tel. 133*
Rettungsdienst: *Tel. 144*
Ärztenotdienst: *Tel. 141*
Bergrettung: *Tel. 140*
Euro-Notruf: *Tel. 112*
Der Euro-Notruf ist gebührenfrei, funktioniert in jedem Netz (auch ohne SIM-Karte) und bekommt in GSM-Netzen Vorrang vor allen anderen Gesprächen. Sie werden automatisch in die nächste Polizeidienststelle durchgestellt.

ÖFFNUNGSZEITEN

Die Supermärkte sowie die Geschäfte in den Einkaufszentren sind in der Regel Mo–Sa von 8–19 Uhr, längstens bis 20 Uhr geöffnet. In den Stadtzentren schließen die Geschäfte meist bereits um 18 und samstags um 12 Uhr. Sonntags und an Feiertagen bleiben alle Geschäfte dicht, es gibt wenige Ausnahmen (z. B. Geschäfte an Flughäfen und Bahnhöfen, Souvenirshops).

POST

Das Porto für Standardbriefe bis 20 g beträgt EU-weit 70 Cent, weltweit kostet das Porto 1,70 Euro.

TELEFON & HANDY

Vorwahl nach Österreich: *0043;* nach Deutschland: *0049;* in die Schweiz: *0041.*

Bei Anrufen aus dem Ausland entfällt die 0 der Ortsvorwahl. Das Handynetz in Österreich ist flächendeckend (Achtung: In den Bergen ist häufig kein Empfang und damit auch kein Notruf möglich). Die Obergrenzen für Roaminggebühren liegen bei 35 Cent für aktive und 11 Cent für passive Telefonate, jeweils zzgl. Mehrwertsteuer. Dadurch unterscheiden sich die Roamingtarife nicht mehr nennenswert, Sie können die automatische Netzwahl beibehalten. Immer günstig sind SMS. Hohe Kosten verursacht die Mailbox: noch im Heimatland abschalten!

UNTERKUNFT

Der Großteil des Angebots entfällt auf familiäre, oft Drei- und Vier-Sterne-Hotels und Gasthöfe, internationale Hotelketten gibt es wenige in der Steiermark. Luxuriöse Wellnessresorts (*www.relax-guide.at*) sowie Schlosshotels (*www.schlosshotels.co.at*) runden das Angebot nach oben hin ab. Am anderen Ende der Skala stehen private Zimmer und Ferienwohnungen, die Sie über die Buchungsplattformen *www.tiscover.com* sowie *www.urlaubganzprivat.at* finden und buchen können. Etwas ganz Besonderes sind alte Landhäuser in der Oststeiermark (*www.landlust.at*), Almhütten (*www.huettenpartner.de, www.huette-mieten.at*), Urlaub auf dem Bauernhof (*www.urlaubambauernhof.at*) sowie Winzerzimmer (*www.weinland-steiermark.at/winzerzimmer*).

ZOLL

Innerhalb der EU dürfen Waren für den persönlichen Bedarf frei ein- und ausgeführt werden. Grundsätzlich werden keine Zollkontrollen mehr durchgeführt, Stichproben sind jedoch möglich. Mehr unter *www.bmf.gv.at/zoll.*

REISEATLAS

Die grüne Linie ▬▬▬ zeichnet den Verlauf der Ausflüge & Touren nach
Die blaue Linie ▬▬▬ zeichnet den Verlauf der Perfekten Route nach

Der Gesamtverlauf aller Touren ist auch in
der herausnehmbaren Faltkarte eingetragen

Bild: Narzissenwiese bei Taublitz

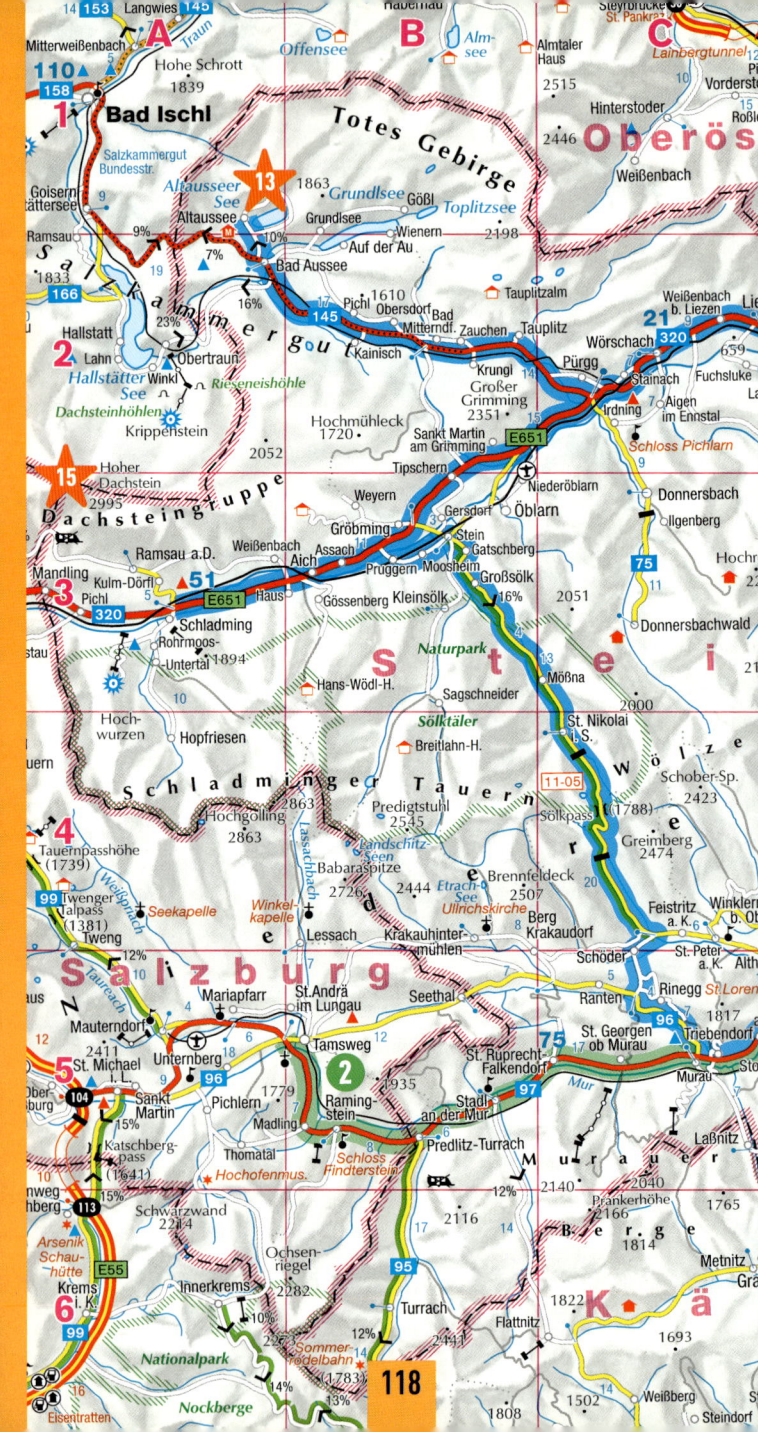

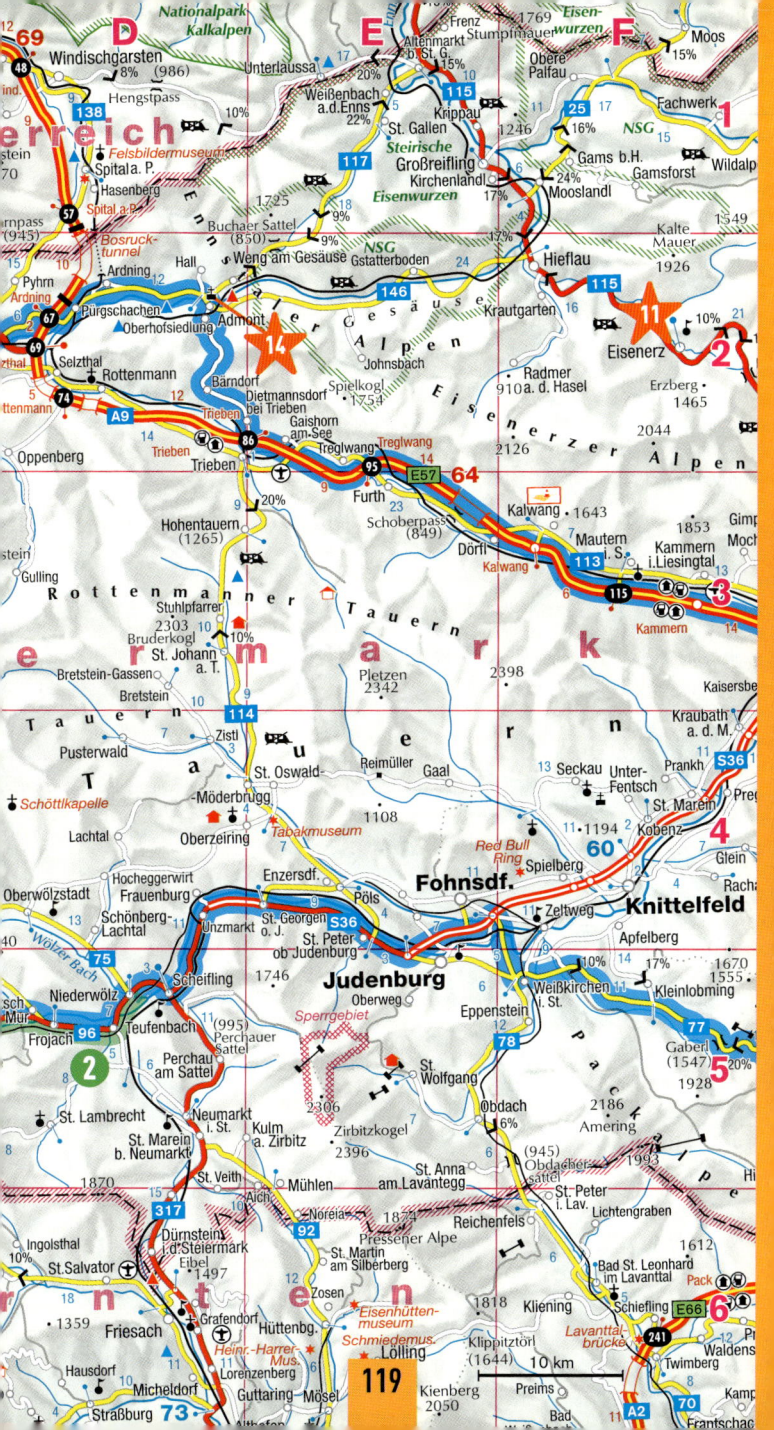

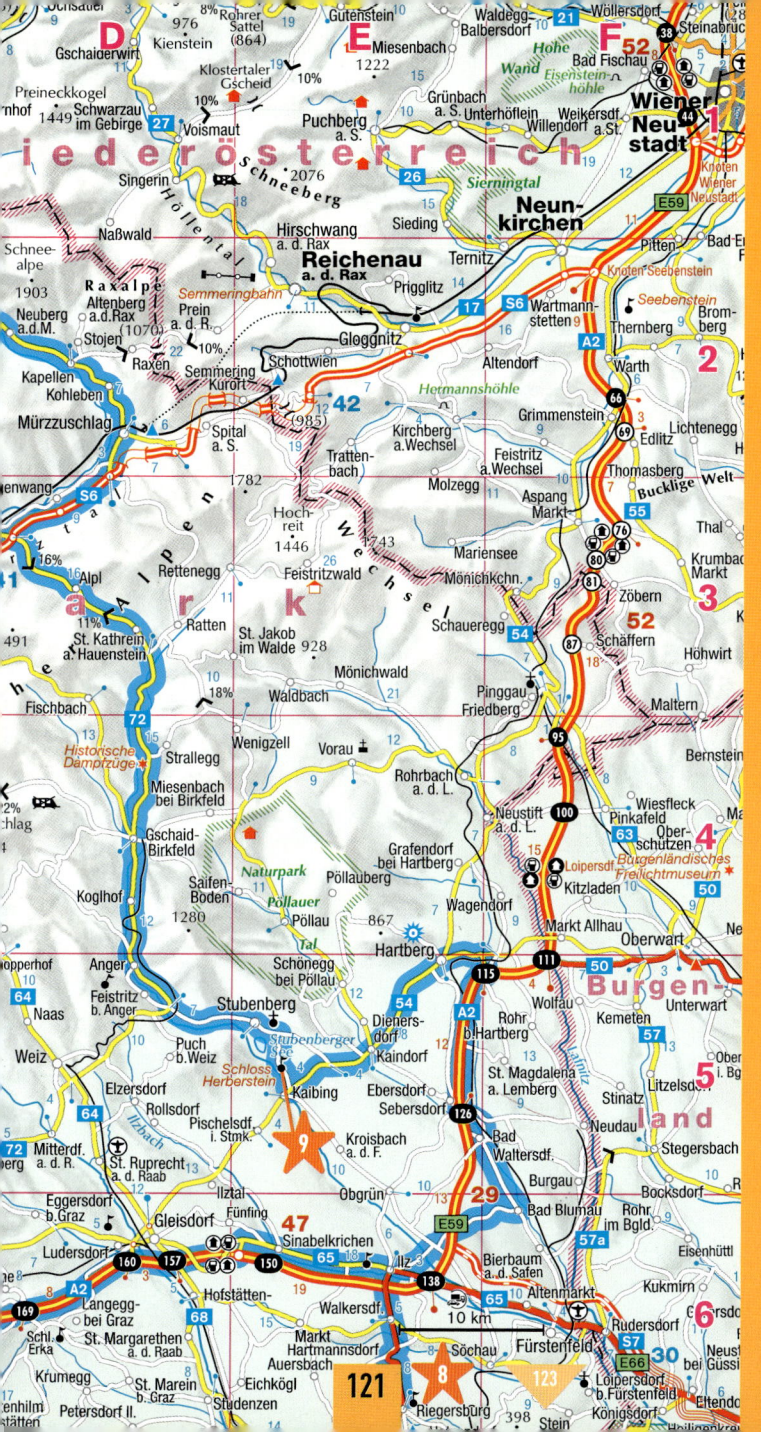

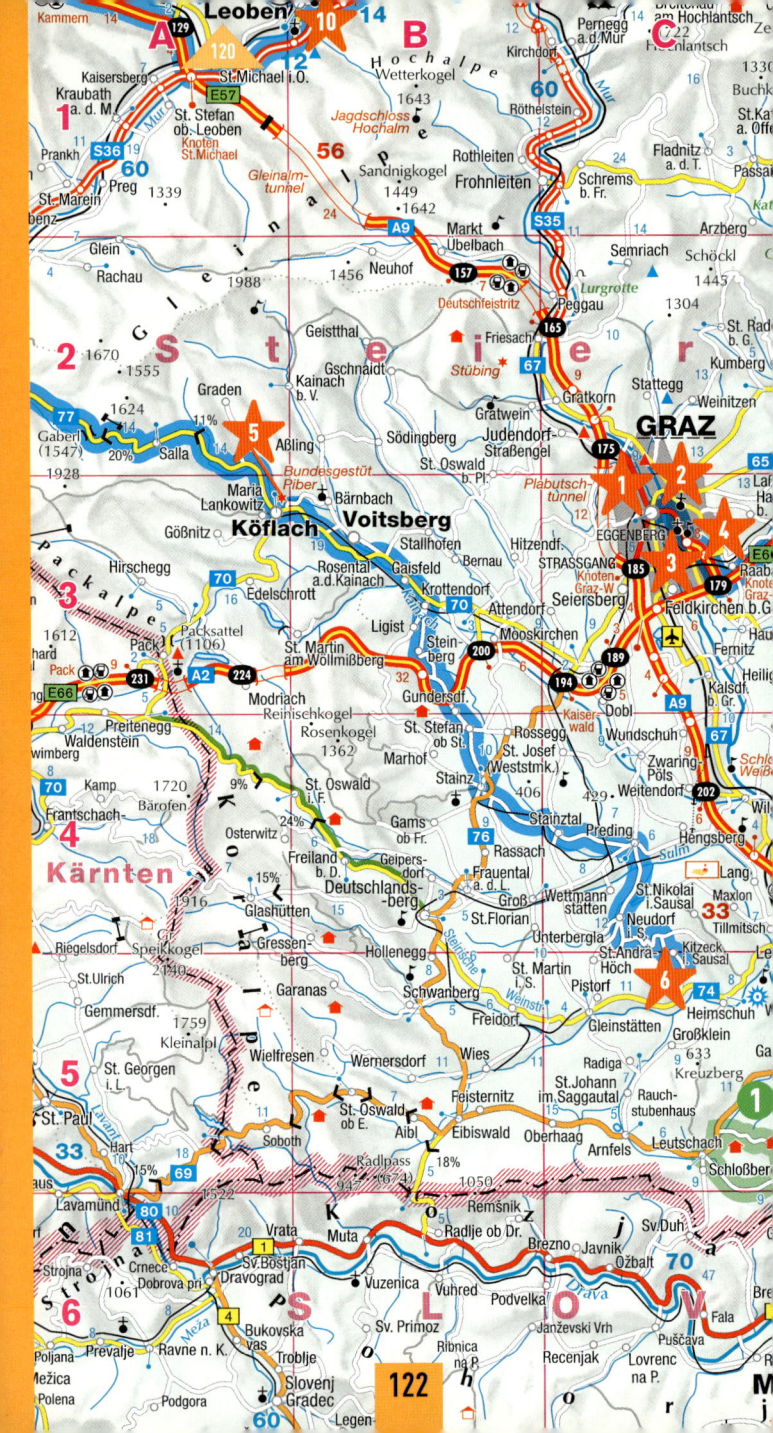

KARTENLEGENDE

Autobahn mit Anschlussstellen	Motorway with junctions
Autobahn in Bau	Motorway under construction
Mautstelle	Toll station
Raststätte mit Übernachtung	Roadside restaurant and hotel
Raststätte	Roadside restaurant
Tankstelle	Filling-station
Autobahnähnliche Schnellstraße mit Anschlussstelle	Dual carriage-way with motorway characteristics with junction
Fernverkehrsstraße	Trunk road
Durchgangsstraße	Thoroughfare
Wichtige Hauptstraße	Important main road
Hauptstraße	Main road
Nebenstraße	Secondary road
Eisenbahn	Railway
Autozug-Terminal	Car-loading terminal
Zahnradbahn	Mountain railway
Kabinenschwebebahn	Aerial cableway
Eisenbahnfähre	Railway ferry
Autofähre	Car ferry
Schifffahrtslinie	Shipping route
Landschaftlich besonders schöne Strecke	Route with beautiful scenery
Touristenstraße	Tourist route
Wintersperre	Closure in winter
Straße für Kfz gesperrt	Road closed to motor traffic
Bedeutende Steigungen	Important gradients
Für Wohnwagen nicht empfehlenswert	Not recommended for caravans
Für Wohnwagen gesperrt	Closed for caravans
Besonders schöner Ausblick	Important panoramic view

Wartenstein Umbalfälle	Sehenswert: Kultur - Natur / Of interest: culture - nature
Badestrand	Bathing beach
Nationalpark, Naturpark	National park, nature park
Sperrgebiet	Prohibited area
Kirche	Church
Kloster	Monastery
Schloss, Burg	Palace, castle
Moschee	Mosque
Ruinen	Ruins
Leuchtturm	Lighthouse
Turm	Tower
Höhle	Cave
Ausgrabungsstätte	Archaeological excavation
Jugendherberge	Youth hostel
Allein stehendes Hotel	Isolated hotel
Berghütte	Refuge
Campingplatz	Camping site
Flughafen	Airport
Regionalflughafen	Regional airport
Flugplatz	Airfield
Staatsgrenze	National boundary
Verwaltungsgrenze	Administrative boundary
Grenzkontrollstelle	Check-point
Grenzkontrollstelle mit Beschränkung	Check-point with restrictions
ROMA Hauptstadt	Capital
VENÉZIA Verwaltungssitz	Seat of the administration
Ausflüge & Touren	Trips & Tours
Perfekte Route	Perfect route
MARCO POLO Highlight	MARCO POLO Highlight

ALLE **MARCO POLO** REISEFÜHRER

REGISTER

In diesem Register sind alle im Reiseführer erwähnten Orte und Ausflugsziele aufgeführt. Gefettete Seitenzahlen verweisen auf den Haupteintrag.

SCHREIBEN SIE UNS!

SMS-Hotline: 0163 6 39 50 20

Egal, was Ihnen Tolles im Urlaub begegnet oder Ihnen auf der Seele brennt, lassen Sie es uns wissen! Ob Lob, Kritik oder Ihr ganz persönlicher Tipp – die MARCO POLO Redaktion freut sich auf Ihre Infos.

Wir setzen alles dran, Ihnen möglichst aktuelle Informationen mit auf die Reise zu geben. Dennoch schleichen sich manchmal Fehler ein – trotz gründ-

E-Mail: info@marcopolo.de

licher Recherche unserer Autoren/innen. Sie haben sicherlich Verständnis, dass der Verlag dafür keine Haftung übernehmen kann. Kontaktieren Sie uns per SMS, E-Mail oder Post!

MARCO POLO Redaktion
MAIRDUMONT
Postfach 31 51
73751 Ostfildern

IMPRESSUM
Titelbild: vario images: McPHOTO (Ramsau, Mountainbiker)
Fotos: G. Amberg (28); Bauerngolfverband Wien: Michael Nader (16 M.); A. Ericson (1 u.); Huber: Damm (10/11), Gräfenhain (Klappe r., 3 u., 18/19, 54, 80/81, 82, 91, 101, 116/117), Leimer (2 M.u., 32/33), Mezzanotte (107), Mirau (30 l., 66, 98/99); Koblitz Kulturmanagement: Ditz Feier (17 o.); Kreuzwirt am Pössnitzberg: Lehmann (16 o.); Laif: Kuerschner (3 o., 9, 58/59), Zanettini (40); mauritius images: Alamy (7, 96, 111), Bohnacker (4), foodcollection (26 r.), ib (AIC) (2 M.o., 8), ib (Bahnmüller) (94), ib (Siepmann) (2 o., 5, 72, 78), ib (Zegers) (85); Österreichischer Skulpturenpark: Michael Schuster (16 u.); D. Renckhoff (Klappe l., 2 u., 3 M., 6, 12/13, 15, 21, 22/23, 24/25, 27, 28/29, 29, 30 r., 34, 36, 38, 42, 45, 46/47, 48, 50, 52, 57, 60, 63, 65, 69, 70/71, 74, 77, 87, 89, 92/93, 97, 102/103, 104, 106, 106/107, 110 o., 110 u.); T. Stankiewicz (26 l.); vario images: McPHOTO (1 o.); Weiberhof: Erika Hütter/Nina Riess (17 u.)

2. Auflage 2013
Komplett überarbeitet und neu gestaltet
© MAIRDUMONT GmbH & Co. KG, Ostfildern
Chefredaktion: Michaela Lienemann (Konzept, Chefin vom Dienst), Marion Zorn (Konzept, Textchefin)
Autorin: Anita Ericson; Redaktion: Diana Hammermeister, Andrea Mertes
Verlagsredaktion: Anita Dahlinger, Ann-Katrin Kutzner, Nikolai Michaelis
Bildredaktion: Gabriele Forst
Im Trend: wunder media, München
Kartografie Reiseatlas: © MAIRDUMONT, Ostfildern; Kartografie Faltkarte: © MAIRDUMONT, Ostfildern
Innengestaltung: milchhof: atelier, Berlin; Titel, S. 1, Titel Faltkarte: factor product münchen

BLOSS NICHT 👆

So einfach vermeiden Sie Ärger, Kopfweh und Sprachverwirrung

BERGE UNTERSCHÄTZEN

Vom Tal mag der Bergrücken lieblich aussehen – sind Sie einmal oben, sind Sie auf sich allein gestellt. Das Wetter kann binnen Minuten umschlagen, Gewitter können übers Land fegen und die Temperaturen drastisch sinken. Ziehen Sie also niemals ohne Karte los, haben Sie immer Regenschutz und warme Bekleidung im Rucksack und lassen Sie beim Aufbruch die Info zurück, welche Tour Sie planen. Bedenken Sie, dass in den Bergen das Handy oft keinen Empfang hat und Sie keinen Notruf absetzen können.

EINE SCHORLE BESTELLEN

Ein Getränk mit Wasser verlängert heißt hier aufgespritzt oder aufg'spritzt. Wahlweise kann man das mit Leitungs- oder Mineralwasser verlangen. Bei Saftmischungen möchte der Kellner auch noch wissen, ob Sie es auf ein Viertel oder einen Halben aufgespritzt haben möchten. Ein Standardgetränk ist der G'spritzte, eine Mischung aus Wein und Soda, den Sie nahezu überall bekommen – der wird üblicherweise in der Viertelliterversion serviert. Ein Sommerspritzer ist mit extra wenig Wein gemischt.

OHNE VIGNETTE FAHREN

In Österreich gilt Mautpflicht für Autobahnen und Schnellstraßen. Man bezahlt über eine Vignette, die man sich an die Windschutzscheibe klebt. Lassen Sie sich lieber nicht ohne erwischen, das wird schnell teuer.

STURM WIE FRUCHTSAFT TRINKEN

Vom Traubensaft zum Wein – dazwischen liegt die Stufe Sturm. Sobald der gärende Traubensaft einen Alkoholgehalt von 1 Prozent erreicht, wird er als Sturm verkauft. Das schmeckt himmlisch nach Fruchtsaft, fühlt sich aber leider am nächsten Tag teuflisch nach Kater an. Das liegt weniger an der Qualität des Grundprodukts (das sich schon bald zum Staubigen – zum ersten richtigen jungen Wein – entwickelt) als daran, dass man versucht ist, zu viel zu trinken, weil's gar so gut schmeckt. Abhilfe gegen den Kater gibt es keine. Besser das nächste Mal weniger trinken.

GATTER OFFEN LASSEN

Relativ ungehindert bewegt man sich in der Steiermark über Feld und Flur. Die Wiesen und Almen dienen aber nicht bloß als malerischer Hintergrund: Hier weiden die Tiere den Sommer über. Der Bauer denkt sich etwas dabei, wenn er Weiden abtrennt, oft durch simpel zu schließende Gatter. Funken Sie ihm da nicht dazwischen.

SONNTAGABENDS ESSEN GEHEN WOLLEN

Gewachsen aus der bäuerlichen Lebensweise ist das sonntägliche Mittagsmahl ein kleines Festessen. Dem folgen die meisten Lokale – zumindest im zeitlichen Sinne: Am Nachmittag wird zugesperrt. Sie werden sich schwertun, am Sonntagabend ein offenes Gasthaus zu finden.